Realization of CHINESE ★ DREAM

RENZHENGFEI

任正非の競争のセオリー

ファーウェイ成功の秘密

Zhang Yu, Jeffrey Yao［著］

日中翻訳学院［訳］

日本僑報社

目次

第1章

競争の第一歩——チャンスをつかむ勇気

世の中には気力に満ち、意欲に燃え、常に市場競争という舞台に挑もうとしている人は多い。その一方で、リスクを恐れて二の足を踏み、成功するチャンスを逃す人も多い。また、ゆっくりと着実に、黙々と取り組む人もいる。

チャンスはどこにでもある。成功の決め手は、チャンスを逃さず見つけ、勇気をもってそのチャンスをつかむことである。もちろん、必ず成功するとは限らない。しかし、せっかくのチャンスをつかむ勇気がなければ、肝心な一歩を踏み出すことはできず、成功する可能性もなくなるのだ。

1　時代の転機

チャンスは挑戦することでもある。一九八〇年代の深圳は、希望に満ちた新興都市であり、無数の才能あふれる者が全国各地から集まってきていた。彼らは、出身、考え方、将来の夢は違っていたが、一つだけ共通点があった。それは、自らの努力で成功を勝ち取り、輝かしい新天地を切り開きたいという思いである。

しかし、それは容易なことではない。長期にわたる過酷な競争に耐え抜かなければ、人よりリードすることはできないからだ。

競争によって敗者は淘汰され、真の成功者だけが残る。任正非と彼が創業したファーウェイは、これら真の成功者の一例といえるだろう。

任正非は、四十三歳まで全くの無名だった。彼は、一九八七年に深圳のみすぼらしい建物で起業し「ファーウェイ」の看板を掲げた。

その後、十数年という短い間に、全く無名だった「ファーウェイ」は奇跡的な成長を遂げた。売上は二百二十億元、利益は三十億元に達し、電子情報企業トップ一〇〇入りも果たした。また、資産も一千倍に増え、国内の業界をリードする大企業に成長したのだ。

二〇〇〇年、任正非は『フォーブス』の中国版長者番付の第三位となり、個人資産は五億米ドルという推定だった。また、二〇〇四年、『フォーブス』のアメリカを除いた世界民間企業トップ一〇〇で、ファーウェイが売上二十七億米ドルで七九位となった。この時、中国企業でランク入りを果たしたのは、ファーウェイだけだった。

これは、成功者の背後に競争のセオリーと大局を見極める見識があることの裏付けである。何年も経った後、任正非自身は「ファーウェイの創業は向こう見ずな行為だったよ」と冗談交じりに語っているが、チャンスと挑戦がひしめく時代に、果敢にも過酷な競争の舞台に立った任正非に、並々ならぬ判断力があったのは明らかである。

2 ファーウェイの創業——運命のいたずら

改革開放政策がとられ始めた頃は、貧しさから脱却して豊かになることが国民の悲願だった。改革開放に中国全土が沸き立ち、この絶好の機会をつかもうと多くの中国人が行動を起こした。当時の深圳もチャンスと希望にあふれていた。

一九八二年、任正非は四川省の軍隊を除隊し、深圳市蛇口の南油集団公司に二年間勤めた。しかし、彼はこの新しい職場環境に馴染むことができなかった。軍隊出身だったので、全力で戦い、難題に立ち向かい、苦労に耐えることには長けていたが、商品経済には適応できなかったのだ。さらに、軍隊で培われた絶対服従という強い意識は、任正非が個性を伸ばす妨げとなった。

南油集団時代、傘下の支店を自分に任せて欲しいと軍令状（誓紙）を入れて社長に願い出たことがあったが、承諾を得られなかった。また、電子機器の取引を始めた時は、軍人的な率直さが仇となり、百万元だまし取られたこともあった。その後、電子機器会社を創業した時も、予想したほど結果が出ず、わずかな収益でぎりぎりの経営をしていた。

任正非は何度も失敗を重ね、絶体絶命のがけっぷちに追い込まれた。ほかに当てもなく、リスクの多いこの道に賭けて努力するしかなかった。ここで、軍人特有の粘り強い強固な意思が任正非を支えた。

一九八七年十月、深圳に「ファーウェイ」という民営企業が誕生した。今でこそ有名になったが、当時は全く知られていなかった。当時は、深圳湾の原っぱの一角に会社を構え、部屋も二部屋のみだった。投資額は二万元ほどで、主な業務は電話交換機、火災報知器などの開発生産および関連事業の照会業務だった。最初の二年間は、主に香港のＨＡＸ交換機の代理販売で利益を得ていた。

創業当初、任正非はわずか十数平方メートルの一部屋に両親、甥と同居し、ベランダで食事を作るという大変貧しい生活をしていた。両親は節約のためいつも野菜が安くなる夜買い物に出かけた。

このような状況からみると、ファーウェイの創業は任正非の未熟で向こう見ずな行動というよりは、行き詰まった末のやむを得ない選択だったといえるだろう。彼は追い立てられるように、通信業界の道を進んでいったのだ。

当時、中国の交換機市場は海外企業の天下で、大型交換機とユーザー交換機のほとんどは、海外の大企業とそれらが国内で起こした合弁企業が製造していた。また、国内における交換機のニーズは多く、海外製品だけでは供給不足だったので、代理販売だけをしていればリスクもなく、安定した利益を得られた。

しかし、任正非はそれに満足できなかった。そこで、中国ブランドの立ち上げを目指して起業への道が始まったのだ。

ファーウェイは創業当初、まず香港企業の電話交換機の代理販売で資金を得た。この時、国内における電話交換機の技術は無に等しかった。任正非はこの技術の重要性にいち早く気づき、ファーウェイの資金を全て技術研究開発費につぎ込んだ。この賭けは成功した。ファーウェイがＣ＆Ｃ０８交換機を開発したのだ。価格は海外の同等製品の三分の二で、機能も他の製品に引けをとらなかったので、市場における見通しも明るかった。自社製品の研究開発は大きなリスクが伴ったが、始めに業界をリードする技術的な基礎を築くことができたため、業界に誇れる大きな元手となった。

しかし、市場は予想ほど甘くなかった。当時は、海外の電信産業の大手がほとんど中国に進出しており、彼らはファーウェイが頭角を現し始めると、豊かな資本を武器に大幅な値下げを始めたからだ。国内市場はまたたく間に熾烈な価格競争に突入し、軌道に乗りかけたばかりのファーウェイは、非常に厳しい状況に追い込まれた。

ところが、ここで任正非が奇跡を起こした。一九九四年十一月、DSLAMを誕生させ、第一回中国国際電気通信展覧会で成功を収めたのだ。その年の売上は、一億元の大台を初めて突破し、利益も一千万元以上に達した。

DSLAMの誕生が追い風となってファーウェイは勢いよく成長し、一九九六年には、国内の売上高が二十六億元に達した。ファーウェイは国内企業でトップを走り、とうとう海外進出も始まった。

一九九六年に香港、一九九七年にロシア、一九九八年にインド、二〇〇〇年に中東とアフリカ、二〇〇一年に東南アジアやヨーロッパ諸国と、またたく間に拡大し、二〇〇二年にはアメリカへの進出も果たした。そして、二〇〇三年には世界中に拡大していった。

市場はまるで戦場のようである。任正非は知恵、度胸、知識、気迫で困難を克服していった。そして、その類まれな先見の明と常識に縛られない大胆さのおかげで、ファーウェイは海外の巨大企業による包囲網を突破することができたのである。

3　深海の大魚——電子通信業界

任正非は、「無知だったばかりに通信機器という最も競争が激しい世界に足を踏み入れてしまった」と自嘲気味に語ったことがある。

一九八〇年代半ばの中国は、電話の普及率は〇・五パーセントにも満たず、既存の固定電話の設備は従来のアナログ式からデジタル式交換機への転換中だった。当時の交換機は、さまざまな海外製品が出回っていたため、方式が異なる交換機同士では繋がらないという混乱を招いていた。このような状況で、任正非には二つの選択肢があった。一つが、商取引に徹するという選択だ。この業界に参入する場合、当時は電話交換機だけを取り扱うことが多かった。香港製や台湾製の各種の交換機を転売したり、自社のラベルに貼り替えて売ったりすれば大儲けできたからである。

ところが、任正非はなんとリスクの高いもう一つの道を選んだ。それは、独自の技術を確立して中国のハイテクノロジーを発展させるという道だ。これは、もちろん生易しいことではない。

しかし、当時の電子通信業界は、水深が深いほど魚も大きいように、底知れない可能性を秘めていた。そして、任正非は、その大きな魚を釣り上げることを選択した。彼は、人より一歩先をいく勇気を持っていたのだ。

ファーウェイの創業直後、任正非が事業計画を立てたり、将来のビジョンを描いたりしていたのは、質素な部屋だった。しかし、その時には「世界をリードする電信情報設備サプライヤーになる」という大胆な目標を立てていた。この途方もない目標のおかげで「クレイジー任正非」のあだ名がついてしまった。

一九九一年十二月、ファーウェイの開発したBH－03交換機が基本機能テストをすべてクリアした。一九九一年十二月三十一日の夜には全社を挙げて祝賀会を開催した。簡単なバイキング形式ではあったが、ファーウェイの最初の知的所有権獲得と自社ブランド製品の誕生を盛大に祝った。一九九二年には、ファーウェイの製品が大量に市場に出回るようになり、売上は一気に一億元を突破し、社員も百名を超えるまでになった。

任正非は、電子通信業界で大魚を釣り上げたのだ。しかし彼が直面する挑戦と過酷な競争はまだ始まったばかりだった。

第2章

性格が運命を決定した

任正非には同世代に共通する性格がみられる。同じ環境や経歴が世代の個性を形成するのだ。ただし、異なる人生経験はやはりそれぞれ異なる個人の性格を形成する。任正非は、実践重視の極めて個性的な管理者で、せっかち、決断が早い、付き合いにくいと思われているようである。しかし、実は誠実で情に厚く、社会的な責任感も強く、また、常に反省し自分を高めていくという、類まれな人物である。ファーウェイが強大な競争力を持ち、大きな成功を収めてきたのは、任正非の魅力と大きく関係している。上品さと学識を備えた任正非は、控えめにしていても、そのオーラは隠しきれなかった。彼のこのような天性が、通信業界に旋風を巻き起こしたのかもしれない。

1　多難な人生——少年時代の修練

任正非の本籍は浙江省浦江県である。一九四四年、任正非は貴州省安順地区鎮寧県の貧しい山村に生まれた。ここは、二〇〇七年世界自然遺産に登録された黄果樹瀑布がある所だ。祖父はハム作りの職人で、父親の兄弟姉妹は学校に通っていなかった。だが、祖父の心境の変化と父親の強い希望によって、父親は学校に行くことを許された。また、母親の学歴は高校程度だったが、夫の影響で独学して中学校の教師となった。

こうした家庭環境が、任正非の人生の最初の決め手となった。学問の重視とその追求は、中国の知識人にとって貧しくても譲れないことなのだろう。三年連続自然災害の時期にあっても、両親は何とかやり繰りして学校に行かせてくれた。

任正非は青少年時代も極貧のままだった。当時、一家九人が両親のわずかな収入に頼って暮らし、任正非の父親は実家にも生活費を送っていた。一枚の布団を家族数人で使い、かまどは地面に穴を掘っただけのものだった。また、衣服も十分でなく、任正非は夏でも厚い上着を着ていた。学校に通う兄弟姉妹が多かったので、母親は学費の支払日が近づくとやり繰りに困り、いつもあちこちから借金をしていたが、借りられないこともよくあった。

このような状況でも、両親は七人の子どもたちに勉強を続けさせた。当時、学校の教員は社会の最下層とされており、両親は任正非を経済面で援助できなかった。しかし、両親の知識に対する情熱と子に対する愛情が、無欲で知識を崇拝する任正非の性格を培ったといえる。

一九六〇年、貴州は深刻な飢饉に見舞われた。それは高校生だった任正非にとって忘れられない記憶として残っている。生き抜くため、家族全員が食糧確保に奔走した。かぼちゃを植え、木の実を採り、野菜の根までも煮て食べた。食事は平等に分け合い、家族力を合わせて難局を切り抜けた。任正非は両親の無私の精神のおかげで子ども全員が生き延びられたのだと考えた。後に「わたしの無私の精神は両親から学んだものであり、ファーウェイの成功にも影響しました」と語っている。飢えを耐え忍んだ日々があったからこそ、任正非は質素で艱難に耐える生活習慣を身につけたのである。

貧しくても不屈の精神を持つ任正非は、両親や家族を失望させず、苦難の日々を乗り越えていった。大学受験前の三カ月間、母親は毎朝特別にトウモロコシ粉の餅（粉を水で練って円形にのばして焼いた食物）を焼いて応援した。そして、十九歳の時、両親の期待に見事に応え、重慶建築工程学院（現在は重慶大学と合併）に合格することができた。しかし、これが家族に希望を与えることにはならなかった。

なぜなら、文化大革命が始まったからである。教育界は真っ先に標的にされ、任正非の父親は牛小屋（文化大革命期に批判対象人物を軟禁した小屋）に送られてしまった。一九六七年、重慶で武装闘争が激化すると、任正非は両親に会いに行くため、満員の汽車の外にしがみついて帰省した。途中、上海の造反派に殴られて汽車から引きずり降ろされ、また、両親のいる町で降りるのがためらわれ、手前の駅で降りて何キロメートルも歩いた。自宅にたどり着いたのは夜中だったが、両親は少しも喜ばなかった。誰かに見られて両親の巻き添えを食えば、息子の将来に影響すると考えたからだ。そして、翌朝には学校に戻らせた。父親は、息子が家を発つ時に、自分の古い革靴を渡した。そして、「知識は力だということを忘れてはいけない。人が勉強しなくても、流されずに勉強しなさい」と言い聞かせた。

任正非の記憶によれば、重慶に戻った時には「弾丸が飛び交う」激しい戦闘状態になっていたようだ。だが、任正非は動じることなく、時間の許す限り勉強した。そして、数年でコンピューター、応用数学、自動制御などを独学で学び終えた。また、西安交通大学の先生と交流があり、ガリ版印刷の本をもらうこともできた。ほかにも多くの理論や哲学を学び、さらに独学で三つの外国語も学んだ。

このように、青少年時代の苦労の連続が、ひたすら耐え忍ぶ任正非を作り上げたといってよいだろう。それまでの体験は、彼が大人になるための儀式であり、鍛錬の場となったのだ。

任正非は貧しい家庭の出であることを恥だと思わなかった。これは、彼の行動にも表れており、貧しい家庭から飛び出てきた者により多くのチャンスを与えたいと思っていた。また、ファーウェイは貧しい家庭の出の学生を多く採用するべきだと考えた。彼らは労苦をいとわないので、仕事においても挫折や困難に耐えることができるからである。後に、任正非は自らの寄付で基金を設立し貧しい学生を支援した。そして彼自身も一貫して質素な生活を続け、けっして贅沢をしなかった。

2　軍隊生活――情熱を燃やした日々

もし、十四年間の軍隊生活がなければ、ファーウェイの教祖任正非は存在しなかったかもしれない。

任正非は卒業した一九六七年に配属が決まるはずだった。しかし、文化大革命による混乱のため、一九六八年六月になってやっと一九六七年の卒業生の配属がはじまった。この時の配属方針は、まだ低層部と向き合うというもので、普通、卒業生は先ず農民か工員にならなければならなかったが、任正非は軍への入隊を選んだ。

一九八二年に転職するまで、任正非は軍隊で人生最高の十四年間を過ごした。軍隊生活では、さまざまな経験を積み、性格も大きな影響を受けた。また、彼は他人の評価を気にしなかったため、褒賞を受けたことがなかった。けれども、これで気落ちすることもなく「賞をもらわない平穏な生活も、栄誉を競わないという気質に関係があります」と語っている。

任正非は、文革の激動においても自分を見失わず、勉学に励み続け、軍隊でまたたく間に科学技術の能力を発揮し、数々の技術を生み出した。

改革開放が進むにつれ、中国の経済発展も新たな方向へと向かい始めた。一九七八年三月、任正非は三十三歳で全国科学大会に出席した。当時、軍隊の代表が非共産党員であることは珍しく、また、代表者六千人のうち三十五歳以下は百五十人しかいなかったため、彼がその一人に入ったことは家族の誇りとなった。のちに、彼の父親は任正非が国のトップと記念撮影した写真を大きなパネルにして自宅に飾ったほどである。

十四年間の厳しい軍隊生活は、任正非に実質的な利益や事業における直接的な支援を与えたわけではないが、彼の信念に深い影響を与え、彼の不屈の精神や実行力、そして、社会的な責任感を培った。これは人生に影響を及ぼす一種の烙印であった。彼は後に、マッカーサー元帥がウエストポイント陸軍士官学校で唱えていた「責任、栄誉、国家」というスローガンに「事業」を加え、これをファーウェイの新入社員の誓いの言葉とした。

任正非の意思決定の方針は非常にシンプルだ。論証を何度も繰り返さない、理由はどうあれ必要なものは遠慮なく言う、部下は実行あるのみで、なにか理由をつけてできないなどと言ってはならない。もちろん、業務上問題が起これば速やかにフィードバックすることは可能だった。任正非は、努力さえすれば結果はどうあれ、客観的に評価してくれた。

任正非の言葉は、まるで鶴の一声だった。社員は彼の一言で行動し、あれこれ考えずに指示に従って実行すればよかった。このスピーディな進め方に、競争相手は手を打つ暇もなかった。任正非は、社員に制度と管理体系を厳守するよう明確に伝え、不合理な制度であっても改正するまで守らなければならないとした。このようにして、ファーウェイの思想と行動は統一された。だからこそ、ファーウェイが大規模な社員大会を開催する時には、会場内では静かにすること、清潔を保つことが要求されるが、携帯も鳴らなければ、ごみを捨てる者もいない。この些細な出来事からも分かるように、ファーウェイの成功は、任正非が軍隊で培った能力と経験のおかげである。

3　不惑の歳——悪戦苦闘の創業期

起業は若いほどチャンスも多く、勢いも力も大きくて有利だが、任正非は例外中の例外である。四十三歳での起業はあまりに遅く、残された時間も当然少ない。さらに、その歳でゼロから始めることは生易しいことではない。

しかし、任正非は、その歳で若者の思い切りの良さと勢いを持っていた。そして、極めて困難な時期を何とか乗り切り、ファーウェイを輝かしい成功へと導いた。この年齢の話は、任正非とファーウェイについて語られる時によく使われるエピソードである。

一九九一年九月、ファーウェイは深圳市宝安県蠔業村の工業ビルの三階を借りて、電話交換機の研究開発を始めた。任正非と五十数名の若い社員は、みすぼらしい建物で前途多難な創業の道を手探りで歩き始めたのだ。まだ弱小で生き残るのにも精一杯だったファーウェイの運命は、ここで決まることとなった。

当時の社員は住み込みで働いており、食事も外に出なかったので、その日の天気を知らないこともよくあった。

また、扇風機しかなかったので、機器の熱で部屋が高温になる中、汗をぬぐいながら昼も夜も働き続けた。回路基板、電話交換台、溶接基盤の設計や製造のほかにも、ソフトウェアの開発でデバッグと修正を繰り返した。疲れると一服し、病気になれば薬を飲み、睡魔に襲われた時には、そのまま机に伏せるか、床に敷いた布団で一眠りし、目が覚めたらまた続けて働いた。夜中に突然届いた重い設備を降ろすため、一旦起きて、また眠ることもあった。また、夜になると蚊が大量に飛び回り、耐えかねた当直の社員が、設備用のビニールを頭から足までかぶり、息をするための穴をあけて蚊を防いだこともあった。

このような状況で、任正非は毎日のように現場に足を運んだ。生産と研究開発の進捗度をチェックし、会議で現状の問題点を話し合い、皆が協力して問題を解決できるようにした。食事時にあたると、任正非を含めた上司は部下たちと一緒に露店で食べ、支払は一番地位の高い者のおごりだった。

そして十年後、ファーウェイの売上は二百億元以上に達し、本社を深圳市竜崗区の坂田ファーウェイ工業団地に移転することになった。ファーウェイは創業の苦しい試練を乗り越えたのだ。

さまざまな経験をしながら、どん底の生活を人生の半ばまで続けた任正非が、こうして喧噪のない静観を得たのだ。彼は、仕事、人、物事に対して独特の見方を持つようになり、企業や市場、そしてそれをとりまく状況にもとづき、会社、戦略、人について、簡潔かつ奥深い言葉で語るようになった。型にはまらない視点を持つ任正非によって、ファーウェイという怪物が作り出されたのである。

第3章

技術・市場・顧客

当初、技術開発というものは、人間の生活における基本的な要求を満たすためだった。しかし、現在の技術開発は、より幅広い要求と欲求を満たすためであり、巨大な社会構造によるサポートが必要である。

この数十年間における商業の発展で、技術が生産を牽引し、次々と新製品が開発されてきた。技術が人のライフスタイルを変え、市場競争のルールも変えたのだ。

任正非は、創業当初から一貫して自社開発にこだわっており、いつも社員に「コア技術を持つことがファーウェイの命綱だ。技術を競争力の核として製造で一〇パーセント以上の利益を獲得し、一歩一歩、技術力でリードしながら利益拡大の可能性を拡げていくのだ」と言い聞かせていた。

自社開発によって先端技術という競争力を持ち、その技術と製品によって市場のシェアを拡大する。これが、任正非の持ち続けてきた競争戦略である。戦場を明確に定め、競争すべき分野を見極めるのだ。また、何を強みにして足元を固め、どこまで発展すればよいのかも分かっていた。

しかし、問題がまだあった。まず、どのように技術の弱みを強みに変え、それを市場の競争力としていくか、次に、どのように顧客の信頼と信用を得て、それを利益に変えるか、という一連の競争戦略の実現である。企業は技術を生産力に変え、企業の命に変えていかなければならない。市場競争で競争相手に勝つためには、自社技術の劣勢を優勢に変え、本当に商業価値のあるものへ変えなくてはならないのである。

1　技術の開発——世界一流の設備サプライヤーを目指して

実務経験のある任正非は、技術開発の難しさを評価するには最適な人物である。一九九一年から一九九二年、ファーウェイは交換機の代理販売で稼いだ利益を全て、半デジタル式の初期製品であるＪＫ１０００型の研究開発に投じた。それは、ファーウェイにとって初めての大規模な研究開発だった。当時の任正非は「研究開発は、成功すれば会社が発展することができる。もし失敗したら私一人が責任をとれば済む」と語っていた。これは、その頃から彼が技術研究開発にこだわっていたことを表している。また、ファーウェイが研究開発を重視して技術的な強みを持ち、それによって競争を突破していくしかないという切迫した気持ちをも表している。

中国では、ファーウェイのように設立当初から技術革新を重視する企業は少なかった。しかし、任正非は技術革新をファーウェイの精神とみなしていた。技術革新が企業の競争力を生みだし、また、技術革新によって競争に勝ち続けることもできると考えたのだ。このため、任正非は多額の資金を惜しみなく技術研究開発に投じた。一九九八年には、売上の一〇パーセントを研究開発経費に充てると「ファーウェイ基本法」で定めたほどだ。これは、一定の利益で企業を最大限に成長させるためだった。

任正非の率いるファーウェイは、自身の実力を知っていたため、全てを追求しようとはしなかった。インターネット技術の発展に照準を合わせ、そこにすべてを投入したのだ。インターネットの柱であるソフトとハードの重点を見極め、自社のコア技術を作り上げていった。また、オープンな提携をベースにして、重要分野でリードする力を強化していった。技術に関しては、自社開発すること、コア技術を持つことを一貫して主張していた任正非は「核心は押さえながら、ほかをオープンにすれば、企業は急成長でき、束縛されることもない」とも言っている。

「束縛されない」ことは、任正非が求めるものでもあった。束縛がなければ、市場競争でさらに発展できる可能性が大きくなり、経営の自由度も大きくなる。例えば、ＪＫ１０００型の成功後に二千ゲートデジタル交換機の製造に着手した。この時、ファーウェイの動きを見た国内の同業者も二千ゲート交換機の製造を始めた。しかし、ファーウェイは二千ゲート交換機の開発と同時に、一万ゲート交換機のプロジェクトも立ち上げていたのだ。そして一九九三年、インターネット用Ｃ＆Ｃ０８（二千ゲート大型交換機）を、一九九四年には一万ゲートレベル交換機を発表した。このように、先を見越した技術開発によって、ファーウェイは長期にわたって技術的にリードできただけでなく、業績も急速に伸ばすことができたのだ。

ファーウェイの幹部は、昼夜を問わず休日も返上して働き続けた。また、いつでも問題に対処できるよう、二十四時間携帯の電源を切らなかった。ファーウェイには、世界の大企業が数十年にわたって築いてきた市場の地位、人脈、ブランドなど頼れるものは何もなかった。そのため、他社より努力するしかなく余暇の時間もひたすら働いたのである。

このように、一つの分野に集中するというリスクを冒しながらも粘り続けた。そして、競争相手との距離を徐々に縮め、最終的に追いついたのである。

二〇〇四年十二月八日はファーウェイにとって重要な日となった。これは、任正非の選択が正しかったことが証明された日でもあった。

この日、ヨーロッパから朗報が届いた。オランダのモバイル通信会社「TELFORT」に第三世代（3G）の移動通信システムの業務を依頼されたのだ。これは、ファーウェイがヨーロッパの企業と結んだ初めての契約である。任正非の言葉を借りれば、この数億ユーロにのぼる取引は、世界規模の移動通信サプライヤーとしての大きな一歩を踏み出したことになる。

半年以上にわたる市場競争で、エリクソン、ノキアなど世界一流のプロバイダーを打ち負かし、最終的にTELFORTに選ばれた最大の理由は、ファーウェイのヨーロッパ研究開発センターがTELFORTの要求に素早く対応したからである。TELFORTもまた、ファーウェイのおかげで差別化競争を速やかに実現することができた。

ヨーロッパには、ファーウェイの研究開発センターが四か所あり、千百人が働いていた。そのうち七五パーセントが現地採用で、三十カ国からの社員で構成されていた。豊富な人材のおかげで研究開発部門も素早い対応ができたのだ。今や、研究開発のレスポンスの良さが、海外市場におけるファーウェイのセールスポイントになっている。

2 市場の開拓――市場がなければ研究開発もない

ファーウェイが成功したのは、技術以外にもう一つ大きな理由がある。それは、市場での販売力である。ファーウェイが技術面でリードできたのは、長い間、苦しい研究開発を続けてきた結果である。しかし、それまでの長い間、ファーウェイの製品と技術は、お世辞にも良いとは言えなかった。そのような製品と技術を市場担当者が懸命に販売してきたのだ。そのため、当時のファーウェイは「一流の市場、二流のサービス、三流の製品」と陰口をたたかれたりもした。

創業当初、任正非には何もなかった。彼の成功は市場から始まったのだ。まず、他社製品の代理販売をして資金を貯め、その資金をもとに自社製品の研究開発チームを作った。自社製品を開発後すると、市場での販売を強化して資金を貯め、より強力な人材を集めた。

そして、さらに研究開発を重ねて多くの顧客へ製品を提供した。こうして、ゼロから始まったファーウェイは、弱小から大手、さらに強い大企業へと次第に大きく発展していった。そのすべての源が市場だったのだ。

市場における圧倒的な販売力によって絶えずシェアを伸ばし、資金が貯まるとより多くの資金を研究開発へ投じられるようになった。こうして、自社製品と技術の改善を続け、製品のクオリティー、コストパフォーマンス、技術面が向上し、それによってさらに市場を拡大していくという、好循環ができあがっていったのだ。

中国の資本市場の活性化に伴い、会社の創業前から技術の研究開発へ大金を投じる会社が多くなったが、これはファーウェイの創業当初と全く異なっている。任正非の場合は、当時十分な資金がなかったため、最初は市場に頼るほかなく、研究開発は慎重に行われたからだ。

ファーウェイが自社研究開発を始めた頃は、高望みをして一万ゲート以上の大型交換機や、更に先進的な交換機を開発しようとはしなかった。まず現実にのっとり、当時人気だった低価格のユーザー交換機から着手した。研究開発チームも分相応に最初は六人だった。

自社研究開発は、一つの製品が成功して利益を得られると、次の製品の開発を始めるというように慎重に進められた。製品の成功を測る指標が市場だった。製品が成功だったのか失敗だったのかは、市場が正確に判断してくれた。

任正非は情報通信の教育を専門には受けていなかったが、ファーウェイが自社研究開発を始めた時は大きな役割を担った。それは、責任を持って研究開発を支援するというものだ。もちろん、彼が担ったのはこれだけではなく、プロジェクトや市場開発の責任者、人材管理、財務なども網羅し、研究開発の成功に欠かせない役割を果たした。

自社研究開発を始めた時、任正非がこのような役割を担ったからこそ、ファーウェイがいち早く製品と技術開発で成功できたのだといえる。なぜなら、彼は市場価値を熟知しており、最初からすべてを技術開発に注ぎ込むようなことはしなかったからだ。任正非は、ファーウェイが直面している現実をしっかり把握していたのだ。まず、利益を牛み出す市場開発チームを作り、その利益を研究開発チームに回すことを目指した。当時のファーウェイの技術では、二十四ゲートのユーザー交換機を作るのが精いっぱいだったが、香港の鴻年社の交換機は二百ゲート、五百ゲートというものだった。しかし、鴻年社の製品は供給不足で、半年前から保証金を払って予約しなければならなかった。ファーウェイは「代理販売と自社研究開発」という二足のわらじであり、その数年間は「生き残る」ことを最優先した。

ファーウェイが海外進出を始めた頃は、すでに国内最大の通信企業になっていた。ファーウェイが国際化のための十分な実力をつけてから海外進出できたのは、早くから中国市場の恩恵を受けられたからである。社員は四千人以上、売上は数十億元を超え、交換機などの製品は国際的にも最先端のレベルに達していた。他の製品も商品化レベルにあり、生産ラインもまもなく完成予定だった。これらすべては、活気のある中国市場のおかげだった。

技術研究開発と顧客のニーズとの間に生じる矛盾は、ほとんどの業種や企業が直面する問題である。これは、科学の探求心と実際の大衆のニーズの間に自然と存在する大きなギャップである。企業が、科学の成果と大衆向けの商品とのかけ橋を担い、この矛盾を調整するしかないのだ。

かつては、ファーウェイにも技術的な完璧さを求め、ビジネスチャンスを逃したことがある。この苦い教訓を生かしてファーウェイは変化を遂げた。まず、駆動力を技術から市場に切り替え、技術は顧客のニーズを満たすためのものとしたのだ。そして、世界のトップレベルの技術に照準を合わせ、一流の研究開発チームを組織した。ただし、「レベルは最高でも売れない技術」は開発しないこととした。任正非は「技術の研究開発は他社より半歩リードすればよい」ということを、市場から学んだのだ。

ファーウェイの研究開発者は、技術の最先端だけを追求していた時期があった。この時期、技術開発は技術のひとり遊びとなってしまい、市場からかけ離れてしまった。その結果、生産過程で深刻な不良品が出てしまった。

任正非はすぐにこの状況に気がつき、技術者なら技術の崇拝者ではなく、ビジネスエンジニアになれ、と諭した。次に、不良品を全てテーブルに並べ、設計者の未熟さが招いた危険について語った。そして、ミスをした設計者にボーナス代わりにその不良品を支給し、いつでも目に入るように自宅のリビングに飾って、自分の戒めとするよう言い渡した。このようにして、任正非は社員に研究開発や設計の未熟さが、会社に重大な損失をもたらすことを覚えこませたのだ。

3　顧客重視――顧客の満足が得られてこそ良い製品

新しい設備ができたばかりの頃、社員は興奮と同時に不安な気持ちもあった。当時、業界でファーウェイを知る者は少なく、ファーウェイを理解している人はさらに少なかったからだ。ファーウェイが市場で勢いを増すことができたのは、社員が寝食も忘れて働き、顧客の対応も常に誠実だったからである。そのたゆまぬ努力と苦労を知らない同業者の中には、なぜこれほどファーウェイが発展したのか理解できず、誤解や曲解が生じることもあった。しかし、分かっている人には分かっており、実情を知る政府関係者の中には「ファーウェイの市場担当者が一年に五百県を営業で回っていた頃、あなた方は何をしていたのですか」と客観的な意見を述べる者もいた。また、当時のファーウェイの営業マンとサービスマンのイメージは、機器を背負い、投影機とかばんを肩にかけ、野を越え山を越えどこまでも歩き続ける、というものだった。

ファーウェイの市場進出は、創業当初に社員が「宗教的」ともいえる敬虔な気持ちで少しずつ勝ち取ってきたものである。世間ではもう忘れ去られてしまったのかもしれないが、任正非は忘れてはいない。この先も勝ち続けるために、「お客さまの価値観が進むべき方向となり、お客さまの満足度が評価基準になる」と絶えず社員を戒めている。つまり、顧客の評価によって、会社の行動がすべて決まるということである。

研究開発による新製品の良し悪しは、顧客が判断するもので、「顧客の満足が得られてこそ良い製品」というのが任正非の持論である。顧客が満足しなければ、技術的にどれほど優れていても良い製品とは言えないということだ。このため、ファーウェイでは「技術の市場化、市場の技術化」が研究開発の心構えとなっている。

「顧客のニーズに着目しなければ、顧客が満足する製品はできない」という考えから、ファーウェイは常に、顧客満足度を調査し、情報を集め、ユーザーの意見を努力目標にした。ファーウェイの細やかな顧客対応とは、徹底的に顧客に注目することなのだ。

そして、あらゆる努力は「顧客の利益を最優先する」という点に絞ってなされた。顧客のための価値を作り出せば、顧客はそれに応えてくれるはずである。顧客を獲得することに全力を傾けるというファーウェイの一貫したスタイルに、頭を抱えるライバル社も多かった。特に創業当初は、ファーウェイ関係の社員がライバル社を装って、顧客を自社へ連れて行き見学させているという噂はよく聞いた。また、二〇〇〇年に生産したインターネット設備の電源に不具合が生じた際には、顧客の利益を守るため、また、顧客への責任を果たすために、任正非が指揮をとって二十万点以上ものマザーボードを回収し交換したこともあった。任正非は、この頃について「われわれは会社を支えるために給料を減らし、ミスを補うために無我夢中で働き、会社の発展のために海外市場を開拓しました。会社全体が一致協力し、ともに苦労を重ね、何とかここまでたどり着いたのです」と総括している。

ファーウェイには、研究開発者と市場担当者の五パーセントを毎年入れ替えるという厳しい規定がある。これは、研究開発者が最先端の技術だけにとらわれ、市場に鈍感になるのを防ぐのが目的だ。こうして、社内では技術開発も含め、市場のニーズを最優先するという法則が自然にできあがり、これが、ファーウェイの急成長を後押ししてきたのだ。実際、市場で成功を収めた製品は、先端技術でリードしていたものではなかった。

代理販売から始まったファーウェイは、顧客との関係づくりにおいても十分な心得えがあった。販売部門には顧客責任者が配置されているが、その主な役割は製品の販売ではなく、顧客との関係を築き、サービスによって顧客の満足度を高めることだった。

ファーウェイの創業当時は、交換機が極端に品薄状態であったにも関わらず、国内の通信機器販売業者はないに等しかった。当時、国は信用貸付の緊縮政策をとっており、通信機器の販売代理店は資金が絶たれる状況に置かれていたため、資金のリスクを冒して交換機を自社研究開発する業者はいなかった。しかし、ファーウェイはこのリスクを冒して自社研究開発に踏み切ったのだ。

ファーウェイは、自社研究開発を主体としてコア技術の獲得を目指した。その上で、任正非は幅広い技術提携によって、すでに確立されていた先進技術を吸収し、参考にし、購入することを提案した。なぜなら、先進技術の獲得によって、開発コストを下げ、開発サイクルも短縮できるからだ。任正非の言葉を借りれば「自分の優れた点を強化し、さらに優れたものとする」ということである。

ファーウェイは通信機器の販売業者に徹した。なぜなら、自分たちの優れた点は何か、そして、その優れた点をどのように強化すればよいのか、また、通信機器業界では市場ニーズのあるものを作るべきだということを分かっていたからだ。さらに、どのような製品を作れば市場で成功し、顧客が彼らの製品やサービスを受け入れるかも分かっていた。

第4章

ビジネスは戦場——生きるか死ぬか

ファーウェイが手がけたハイテク産業には、厳しい顧客の目と強力なライバルが待ち受けていた。ファーウェイは創業当初から、国内の同業社だけでなく、海外の大企業も相手にせねばならなく、人材をしっかり育て、入念な準備をしなければ、勝ち抜くチャンスはなかったのだ。

任正非は、中国市場だけを競争の場と考えていたわけではない。最初から広い世界を見据えていたのだ。彼は、ずっと先を見通す戦略家であり、海外進出の目的も市場シェア獲得だけでなく、さらに大きな志を持っていた。そのため、ファーウェイが国内市場における地位を確立する前から、国際化について考えていた。それは、通信機器メーカーが不況になっても、生き残って発展していくためだった。冬が来る前に大きく軌道修正し、海外進出によって厳しい冬を乗り切ろうと考えたのだ。

1　敵の隙を突く——国内市場を占拠

創業当初のファーウィは、国内のライバルと比べて特に有利な材料もなく、資金、技術、人材も十分とはいえなかった。このような状況で強力な相手と戦っても、勝負は目に見えていた。そこで、任正非は直接対決を避け、ライバルが目をむく顧客戦略をとった。これは、ファーウェイの歴史の中でも奇抜な戦略で、これについてはさまざまな論争も繰り広げられた。

戦略として一番遠回りをすることが近道になるのはよくあることだ。ファーウェイも、最初から強引に正面突破することを避け、遠回りをしながら少しずつ市場のシェアを高めていったのだ。

ファーウェイはまず、各地の利用者と合弁会社を立ち上げることから始めた。例えば、現地の通信管理局とともに設立した瀋陽ファーウェイ、成都ファーウェイ、安徽ファーウェイ、上海ファーウェイなどである。これは、名前だけの合弁会社であり、その目的は一般の合弁会社とは全く違っていた。ファーウェイが製品、特に技術レベルの高い製品を納入したことはなく、帳簿に記すのがその目的だった。現地の事業者と政府が投資した合弁会社の資金は、とりあえずファーウェイが立て替えたものさえある。こうして、ファーウェイは売上を急速に伸ばし、また、顧客との関係を長期的に持つことができた。このように任正非は、国内市場における基礎を固めていったのだ。

長い間、通信機器の製造に専念してきたファーウェイだが、一九九九年、初めてアクセスサーバーを中国で発売した。そして、積極的な売り込みに強いファーウェイは、一年で、中国で普及し始めていたアクセスサーバー市場の七〇パーセントのシェアを勝ち取り、続いてルーターやイーサネットなどにも手を伸ばした。二〇〇二年には、国内のルーターやスイッチングハブのシェアではシスコシステムズに迫り、その最大のライバルとまでなった。部分的ではあったが、この勝利がファーウェイのカンフル剤となった。この今までにない勢いで攻めれば海外市場でも勝てるとふんだのかもしれない。

何事も順風満帆ということはありえない。市場競争の道のりも長く険しい。市場競争の厳しさについては、任正非さえも「ファーウェイは国際競争に巻き込まれ、世界の最先端を知ったのです。その過程で競争の国際ルールと勝ち方を学んできたのです」と率直に語っている。日頃の鍛錬と事業の挫折の経験から、任正非は将来の危機に対して特に警戒しており、ファーウェイの基本目標を一言で表している。それは「生き残る」である。そして、生き残るには市場シェアの拡大が必須で、それができなければ全てを失いかねなかったのだ。

一九九四年、ファーウィがC&C08を開発した頃は、ライバルであったZTE、巨龍、長虹に後れをとっていた。しかし、一九九四年下半期には、大容量のデジタル交換機C&C08Cの開発によって、ライバルたちより一歩前に出ることができた。開発が進むにつれ、ファーウィの研究員たちも急成長していった。研究員は全社員の四六パーセントを占め、基本的には大卒以上だった。二〇〇五年一月には、研究に携わる社員を一万人以上も抱えていた。優秀な人材が集められたことで、ファーウェイの開発技術は急速に進歩したのだ。さらに、深圳、北京、上海、南京、西安、杭州、成都などの都市に十一カ所の研究所を次々と設立した。

長期にわたって競争が繰り広げられた結果、国内の通信機器の製造業者では、ZTEとファーウェイのみが高い評価のまま最後まで生き残った。お互いが最大のライバルと見なし、シェアの奪い合いはどこまでも激化した。一九九八年、こうして二社の対決が始まったのだ。

ZTEの社員のなかには「わが社に海外からお客様がいらっしゃった時のことです。ファーウェイはどのように知ったのか、ZTEの社員になりすまして空港でお客様を横取りしたのです」という者もいた。このような方法が正しいかどうかはともかく、ファーウェイは顧客を奪うためなら、手段を選ばないこともあったようである。

任正非の「敵の隙を突く」という迂回戦術は、国内市場で上海貝爾《ペイアル》を超える過程でも効果的だった。当時、上海貝爾は電子交換機で上海市場のトップを走っており、中国全体でも大きなシェアを占めていた。ファーウェイは電子交換機を開発すると、上海貝爾を越えるための策略を練ったが、当時のファーウィの実力は上海貝爾の足元にも及ばず、まともにやり合っても勝ち目はなかった。

そこで、この時もまた迂回戦術をとった。まず、農村市場から始めたのだ。東北、西北、西南などの遅れていた地域で、V5インターフェースの宣伝攻勢をかけ、HONEアクセスネットワークを武器に上海貝爾のリモートアクセスモジュールに対抗した。同時に、赤字を利益で補う安売り競争に打って出た。上海貝爾には不可能な低価格で農村におけるシェアを獲得し、さらに都市部にも進出して上海貝爾のシェアを少しずつ奪っていったのだ。

このように、ファーウェイはどの競争においても手を抜くことはなかった。ノーテルネットワークスも、老舗の通信会社であった朗科も、ファーウェイとの競争で敗れ去った。その後もファーウェイは、多くの競争を着実に勝ち抜いていった。

なりふり構わず国内市場のシェアを奪っていったこの時期は、ファーウェイの「ハイエナ時代」と呼ばれる。当時、劣勢だったファーウェイは、顧客との関係を築くためには、敵の隙を突く迂回作戦に頼るよりほかになかったといえる。このようにして、ファーウェイは新天地を切り開くことに成功したのだ。

2 海外進出——海外市場の開拓

ファーウェイは創業当初から、激しい国際競争に巻き込まれていた。弱小だったファーウェイが生き残るためには、市場の隙間をぬっていくしかなかった。苦労性の任正非は、ある問題について考えていた。それは、国内市場の飽和状態後についてである。一九九〇年代、任正非はファーウェイの多国籍化を提案し、その方法を探り始めた。

ファーウェイが国際市場を目指したのは、単に「生き残る」ためだった。しかし、過酷な国際市場で生き残るには、世界のシスコシステムズ、エリクソン、ノキア、モトローラ、シーメンスなどの巨大企業との全面対決は避けられず、それは、正真正銘の試練だった。

ファーウェイは国際市場で戦う必要があったのだろうか。当時のファーウェイの業績から考えると、国内市場でトップを保つという守りに入ることが賢い選択だったかもしれない。当時の役員や従業員も現状に満足していた者が多かった。なぜ、海外進出という冒険を犯す必要があったのだろうか。任正非は、これらのことはすべて承知していた。しかし、彼には海外進出が成功するという自信があった。なぜなら、ファーウェイは二つの強力な武器を持っていたからだ。それは、安価で高性能の製品と最強のマーケティングチームだ。

ファーウェイは一九九六年から海外市場の開拓を始めた。主にアメリカ、中東、ロシア、南米などを攻め、世界中にファーウェイの社員の姿が見られるようになった。そして二〇〇一年、その規模がさらに拡大した。その頃、任正非が国内にいることは少なく、世界中を飛び回っていた。各国の市場を現地で直接確認し、重要な顧客を訪ね、海外の同業者と頻繁に交流することで、利用できる力と資源を探し求めた。彼は理事会で「将来は理事会の公用語を英語にしようじゃないか。私も独学中だから、君たちも英語を勉強したまえ」

と述べている。

ファーウェイは、疑いをかけられたり冷たくあしらわれたりしたことは数え切れないが、この経験からある法則ができあがった。それは、重点を置く市場を選び、一つ一つ攻め落としていくことだ。ファーウェイはエチオピア、南アフリカ、サウジアラビア、ブラジルなどに次々と突破点を見出し、点を線に、線を面にしていくことで、最終的には大きな勝利を手にしたのだ。

国際市場におけるファーウェイの成功は偶然ではなかった。なぜなら、ファーウェイの行動の多くは、以下のように、細かい点から見ても合理的だったからだ。

一つ目は、顧客のニーズに応えたことである。ファーウェイの市場担当者は、自社と製品を紹介するためなら、相手のオフィスの前で顧客が会ってくれるのを何日も待ち続けた。また、タイの観光業の特色を展示するためのネットワーク建設計画では、携帯電話による少額宝くじ購入の運営に協力した。二〇〇七年八月、南半球のペルーで起こったマグニチュード八・一の大地震の際には、ほかのネットワークが麻痺していたのに、ファーウェイのメールだけが正常に使用できたため、顧客の信用をさらにつかむことができた。

二つ目は、ファーウェイのサービス精神が顧客の信頼を勝ちとったことである。市場の開拓は困難なものだが、ファーウェイの社員はいつもチャンスを逃さず、優れたサービスと技術で顧客の信用を勝ち取ってきた。アフリカで戦争や地震が起こり、欧米の企業が撤退しても、ファーウェイはそこに留まった。普段も、社内にイスラム教徒の顧客のために祈祷室を設けたり、顧客と共に展示会に参加する時はまず顧客の設営を手伝ったりした。また、責任者がスーツを脱いで現地の労働者と一緒に机や棚を運び、はしごを登った。このような振る舞いから、顧客は信頼できる仲間だと受け止め、結果としてビジネスチャンスを勝ち取ることができたのだ。

三つ目は、資源の集中によって研究開発部門の対応を速めたことである。顧客に安定したサービスを提供し、しかも、速やかに顧客の要求に応えることができるようになったのだ。ファーウェイは、ヨーロッパだけでも四カ所の研究開発センターを持ち、千人以上の職員の七五パーセントは現地採用で、その国籍は三十カ国にも及んでいた。これで、いつでも顧客の要求に応えて、道が通っていなくても社員が駆け付けることができた。コンゴでは、もともと三十日間だったコアネットワークの建設の工期を四日間に縮めたこともあった。これは、プロジェクトのメンバー全員が現場で食事をとり、疲れると廊下で眠り、またすぐ始めるという四日間の奮闘の結果、期日よりずっと前に工事を完成させることができたのだ。南米で熱帯雨林の山頂に基地局を建てた時は、現場まで設備を運ぶ道は険しい山道しかなく、ヘリコプターを使えば八千ドルかかるという場所だった。そこで、現地人を二十人ほど雇い、設備を分解して運ぶことにした。最終的にはたった七千元で、予定通り基地局を完成させることができたのだ。

四つ目は、価格的には有利だったが、海外市場における競争でも慎重だったことである。また、長期の戦いを通じて、価格競争に対して新たな認識を持つようになった。任正非は、海外進出にあたって価格競争をしないことを強調し、同業者との共存共栄を目指した。すなわち、お互いの利益を損ねない、市場のルールを破らない、市場を妨害しないことで、ライバルに非難されることを避けたのである。これも、敵の隙を突く迂回戦術のひとつだと言える。

ファーウェイの躍進を、世界の同業者は評価せざるを得なかった。任正非は、中国企業の底力を見せつけたのだ。二〇〇四年十二月八日、任正非はハーグでオランダのＴｅｌｆ ｏｒｔＣＥＯであったスティグと契約を交わした。業務は、Ｗ－ＣＤＭＡの設備の供給であり、その金額は二億ユーロ以上だった。これは、第三世代移動通信システムで世界をリードしていたエリクソンから奪い取ったもので、ヨーロッパでは「市場のおこぼれを食べていた」ファーウェイが、「猛獣」へと変貌をとげた時でもあった。ファーウェイは、ここで初めて価格だけでなく技術的にも優れていることを証明したのだ。

ファーウェイの国際市場における成功は、彼らが苦しい戦いに耐え、たゆまぬ努力を続けたおかげである。しかし、競争する環境の変化を軽視して妥協しなかったわけではない。ファーウェイの販売手法は、あまりにも早く、攻撃的だったため、海外のメディアから長い間「強欲、独裁、偏屈」というレッテルを貼られていた。そのため、ファーウェイは海外におけるイメージを何とか一新しようと努めた。すなわち、今までの「飢えた狼が獲物に飛びかかる」ような市場の開拓ではなく、もっと穏やかな開拓に徹しようとしたのだ。国内と違って海外ではメディアと接する機会が少なかったため『エコノミスト』や『ビジネスウィーク』など主な経済雑誌や専門誌にファーウェイの広告を載せ、有名メディアのインタビューにも応じるようにした。また、二〇〇六年には、二十八年間も使用してきたロゴを一新した。十五本の太陽の光線を八枚の美しい花びらに変えたのだ。これは、世界に溶け込むという国際化のイメージに合わせたものである。これによって、ファーウェイは中国という強い印象を和らげ、活力に満ちた国際通信機器メーカーのイメージを作り上げたのである。

ファーウェイは海外市場を開拓するため、世界的なサービスによって国際的な企業としての大きな一歩を踏み出した。また、当初は販売部門を国内と海外の二つに分けていたが、市場の変化に対応するため、二〇〇三年からは海外を八つの区域に分け、中国を世界の九つの区域の一つに「降格」した。しかし、海外進出による最も重要な変化は、マーケティング部門が一段昇格し、戦略部門と市場部門が新たに設置され、さらに責任の重い役目を担うことになったことである。それは、研究開発部門と販売部門のパイプ役を果たすだけでなく、企業を発展方向に牽引するという役割だった。

こうして、ファーウェイには国内市場と海外市場いう区別はなくなり、世界とその各地域という概念だけが残った。組織的には、完全な多国籍企業へ変貌したのだ。国際市場における改善点はまだ多かったものの、国内では最優良企業となっていた。もしファーウェイに、一体どのようにしたら、世界の半分を股に掛け、一流の顧客を獲得し、見知らぬ土地で新風を巻き起こすことができたのかと尋ねたとしたら、こう答えるに違いない。「自分の有利な点を見つけること、失敗しても戦い続けること、遠回りしながら前進すること、努力を怠らないこと」

第5章

企業リーダーの影響力

組織が目標を実現するためには、リーダーの影響力が非常に重要になる。指導力のあるリーダーは、その影響力で組織を動かし、目指す理想と目標、そして成功に向かって前進する。

企業間の競争に勝つための要因はさまざまだが、中でも一番重要なのがリーダーの素質だと言える。企業は有機体であり、さまざまな部門と個人から構成されている。リーダーがそれぞれの部門、それぞれの社員をどのように協調させるかによって、その企業全体の機能が決まるのだ。

任正非のリーダーシップについては議論が多いが、ほかより高い視点と豊かな経験によって、ファーウェイの発展の基礎が築き上げられたことは間違いないだろう。彼には向上心、バイタリティー、不屈の精神、困難に打ち勝つ力がある。そして、これらがファーウェイの信条となって一人一人の社員に影響を及ぼし、企業全体の競争力に変わったのだ。これはまさに、任正非の好む「暗闇でもわずかな生命の光を発して組織を勝利へと導く」という言葉のようである。

1　信じられないほど控えめな任正非

任正非率いるファーウェイは、国内外の市場を攻略しながら邁進し、さまざまな神話を作り上げてきた。しかし、その異彩を放つ任正非の言動は、逆にいつも控え日だった。「勝って、また勝ちに行く」というファーウェイの拡大路線とともに、任正非の遠慮深い性格が多くの人に知られるようになり、彼は全く信じられないほど控えめな人物だと言う人もいる。

一九九八年以降、任正非はできる限りメディアや大衆と距離を保ち、表舞台に出てこなかった。任正非という人物を一言で表すのは、ファーウェイ以上に難しい。なぜなら、彼はインタビューも受けずテレビにも出ないという、今時の企業家としては異端の存在だからだ。中国の企業家なら、積極的に顔を売り、個人の知名度を企業の付加価値として利用する者が多い。しかし、任正非はインタビューや会議はもちろん、評議員になることさえ避け、ファーウェイに有利な宣伝さえも全て断ってきた。それどころか、任正非はファーウェイの上層部に驚くべき命令を下したこともあった。それは、特に重要な顧客や提携先以外の者と話を禁止するというもので、さらに、これを守らなかった者はクビにするというのだ。この命令はファーウェイ全体に行きわたり、皆なかば本能的に外部に対し口をつぐみ、閉鎖的な態度をとるようになった。

任正非の控えめな態度は、彼の自然な姿ではあるが、彼は決して内向的ではない。彼をよく知る者は、率直にものを言う感情豊かな人物だと言っている。また、どんな顧客のためにも全力を尽くすが、メディアに対しては一言も話さないと言う。以下は、任正非がなぜインタビューを受けないのかに対する回答だが、驚くほど率直に述べられている。「メディアに応じる価値などあるのでしょうか。われわれは毎日、お客様と直接話し、多くの意見をいただいています。われわれは、言われたことを改善すればいいのです。メディアにとっては、われわれがいつも良いわけではないでしょう！　だからといって少し良いときだけ大きな口をきくこともできません。お世辞には乗りません。人に会わないのではありません。お客様には皆お会いしています。どんなお客様でもです。」

企業なら「他より抜きんでる」ことを望むものだが、企業家は、ひけらかし過ぎも、黙り過ぎもよくない。ファーウェイがまだ弱小だった頃は、表に出ないことが会社を守る最善策だった。そうすれば、損失がどれだけ出ても、予想外のリスクは避けられると任正非は考えていたのだ。しかし、ファーウェイが大きくなって中国を代表する企業となり、海外の強敵と戦い始めると、ファーウェイに関する様々な評判が気になるようになった。この頃になると、表に出ないという任正非の選択は、最善策とは言えなくなってしまったのである。

この数年、ファーウェイは海外に対する守りを緩めたようである。一つは海外市場開発の必要からで、海外のメディアと親しく付き合い出したのだ。国内のメディアにも付き合うようになり、上層部も少しずつ顔を出し始めた。もう一つは、二〇〇三年に起きた訴訟に関係がある。二〇〇三年一月二十四日、シスコシステムズが、取扱説明書やソフトウェアを違法にコピーしていると、ファーウェイを訴えたのだ。この訴訟は大きな波紋を呼び、人々の注目も浴びた。最終的には双方の和解で終わったが、これによってファーウェイはある教訓を得た。個人が控え目なのは構わないが、企業の活動は控え目であってはならないということだ。この後、閉鎖的だったファーウェイは、少しずつ人の前に現れるようになり、好奇の目や探るような質問も容認するようになった。さらに海外市場では、国際的な慣例と基準を守って業務をすすめた。その一環としてメディアによる広報活動も行い、世間の信用も得られるようになった。神秘のベールに包まれていたファーウェイではあるが、今後はその姿が明らかになるに違いない。

ただし、任正非だけは変わらなかった。彼の態度は相変わらず控えめで、意地でも表に出ないようにしているように見えた。しかし、実際の任正非は、社交的で、決断力のある、常識にとらわれないリーダーだった。このような人物が、外部に対して控えめに徹するには、強い意志がなくてはできない。任正非は強力なリーダーシップと自分をコントロールできる力を備えていたのだ。

任正非が控えめに徹したのは、自分が偶像化され、法治主義でなく人治主義の企業と見なされることを恐れたからだと言う者もいる。このため、チームと制度を作ることに熱心だったと言うのだ。また、個人の偶像化はブランドの知名度不足のため、と思われないように、あえて慎ましくふるまっていると言う者もいる。

善意や悪意に関わらず、このような憶測に任正非は少しも反論しない。彼は「水の流れが少しでもあれば、知らないうちに遠くに行けるものです」と言う。これも彼の行動原理の一つで、着実に仕事をこなしさえすれば、何を言われても気にする必要はないということだ。ファーウィの発展は、この考え方が正しかったということを実証している。この十数年、他社が激しい販売合戦を繰り広げ、キャンペーンに明け暮れている間に、ファーウェイがいつのまにか中国の民営企業のリーダーになっていたのである。

2　つかの間の英雄にはならない

社内に多くの英雄が現れることを、任正非は望んでいる。しかし、ファーウェイの求める英雄とは、一時の英雄や「利口な人」ではないと彼は強調する。任正非は勝利を目前にしても、誰より冷静だった。そこが優れたリーダーと凡人の違いである。ファーウェイが成功したのは確かである。しかし、安心してそれにあぐらをかけば、英雄という花はしぼみ再び咲くことはない。そのような英雄ではだめだと彼は指摘する。なぜなら、情報産業という業界は、いったん後れをとれば、再び追いつくのは難しいからだ。

勝利をつかむまでは苦しくてもがんばるのはもちろんだが、一段階目の勝利をつかんだ後はさらにがんばらねばならない。企業家が社内で影響力を持つために大切なのは継続的努力である。アメリカのアップル社のＣＥＯスティーブ・ジョブズも「成功の秘訣は？」と問われて「努力さ！」と答えている。ファーウェイは、絶好調の時もどん底の時も平然とわが道を行き、ついには世界進出の道を切り開いた。それも、たゆまぬ努力の結果なのだ。

二〇〇〇年、世界レベルで通信業界のバブルが崩壊し、その後も低迷を続け、世界中で多くの企業が活力を失った。このような状況でも、ずっと先を見据える任正非のもと、社員全員が奮闘した。そして、ファーウェイは炎の中からよみがえり、海外進出のチャンスをつかんだのだ。

一九九四年、まだ無名だったファーウェイは、あるスローガンを掲げた。それは、当時トップを走っていたシーメンスやアルカテルと並ぶ世界三大通信機器メーカーになるというものであった。任正非は、理想と現実のギャップに気づいていたが、この壮大な目標を変えなかった。二十一世紀に入ると、ＩＴ企業に最も厳しい冬が訪れた。それでも、ファーウェイは売上額の一〇パーセントを研究開発に投資し、顧客のニーズに素早く対応するという方針を続けた。それは、従来からのネットワーク分野だけにとどまらず、主要分野の全てにおいて適用され、それぞれの分野で特色あるコア技術を持つようになった。

コンピューター技術と通信技術の急激な発展にともない、データ通信が通信領域の新たな成長分野となっていった。ファーウェイはデータ通信の分野でも頭角を現し、それまでトップだったシスコシステムズと肩を並べるほどになった。次々と厳しい冬がやって来ても、先を見越した対策が功を奏し、ファーウェイは何とか倒れず生き残ることができた。二〇〇三年以降は、業務改革と海外市場の開拓によって劣勢を盛り返し、三年間の売上増加率はそれぞれ二七パーセント、四二パーセント、五六パーセントに達した。

任正非はこう語っている。「冬だっていいもので、嫌うことはありません。もし冬が来なければ、有頂天のまま危険な飛行を続けてしまうでしょう。傲慢になってはいけないのです。だから、冬はありがたいものなのです」

たゆまぬ努力の結果、ファーウェイは大きく成長を遂げることができた。二十年ほどで、民間企業が七万人以上の社員を抱え、売上は六百億元以上、海外の売上は六十億ドルに達する多国籍企業に成長したのだ。ファーウェイの成長過程は、中国企業の国際化における最高の手本であり、中国企業が学ぶべき教科書だと言う人もいるほどだ。

創業するだけでなくそれを継続させるのは容易ではない。ファーウェイは、任正非の「臆病者だけが生き残る」というポリシーのもとで生き残り、さらに、英雄になるまで成長した。この英雄は、一体いつまで持ちこたえることができるのだろうか。任正非は、ファーウェイが今日まで生き残ることができたのは、顧客を最優先し、市場を危機のバロメーターとしてきたからだと言う。「ファーウェイが世界でうまくいったのは、実力があったからでしょうか。そうではありません。それぞれの発展段階で、それぞれの戦略が世界の潮流にうまく乗ったからです。今後、次の情報産業ブームが起こるとは思いません。だから、情報産業も従来の産業が通ってきた道を行くしかないのです。新興産業の寿命は短いものです。情報産業の技術はシンプルになり、技術で市場をリードするのは難しくなるでしょう。優位に立ちたければ、顧客との関係に気を配り、顧客のニーズを最大限に満たすしかありません。このことを、市場部、研究開発部など社内の各部門が理解し、社員が一致団結して生き残るために努力しなくてはならないのです」と彼は語っている。

3　知識の追求

逆境にいた任正非にとって、知識は戦うための羅針盤となり、前進し続けるためのパワーの源だった。その後は、海外へ進出して多くの海外の企業と渡り合うための支柱となった。任正非は知識の重要性を実感していたため、知識の追及をやめることはなかった。ファーウェイが長期的に発展できたのも、謙虚な気持ちで学び続けたからである。この間、任正非はライバルと大きな差があることに気づき、また、その差を縮める方法を発見した。

一九九七年、任正非はアメリカのＩＢＭなど有名なハイテク企業を訪れた。彼らと直接交流し、任正非は大きな衝撃を受けた。ファーウェイと巨大企業との大きな差をはっきり認識したのだ。彼は会社に戻るとすぐに、五年に渡る大改革を始め、欧米の経験や反省を全面的に学び、社内管理を改善していった。徹底的に学ぶことから始めたのだ。

当時の通信産業における技術の進歩は目覚ましく、競争の激しさは他の分野と比べものにならなかった。学ぶことを怠れば、ファーウェイはとっくに淘汰されていただろう。任正非は、世の中に「急いてはことを仕損じる」例は多いので、ファーウェイはスピード重視ではなく、日本人の地道な努力やドイツ人の手を抜かない精神を学ばねばならないと強調している。

全体的、長期的な発展から見ると、学識の高い任正非は科学的に問題を深く分析し、戦略を立ててきた。一段高いところから自分に欠けている点を見つめることで、学ぶことの重要性をさらに認識したのだ。

任正非は、社員にも学び続けるよう呼びかけた。自分に欠けている点を知り、ライバルの長所を学べば、より成長できると強調した。

学ぶことを重視し、上を目指す彼の姿勢は、企業管理の改善を促しただけでなく、社員も大きな影響を受けた。そして、彼らも常に上を目指すようになった。

欧米の現代的な管理方法を導入してきたファーウェイは、組織構造の現代化も進めた。また、導入時にはセンセーショナルを巻き起こし、世間に大きな影響を与えた『ファーウェイ基本法』を制定し、制度化した管理を行った。これらは、任正非とファーウェイが常に危機感を感じていた苦悩と密接に関わっている。実際、ファーウェイは苦難によって成長してきたのだ。

二〇〇〇年以降、ファーウェイがある程度大きくなり、任正非が中国式と欧米式を融合させた管理モデルを実践していた時、ある問題にぶつかった。任正非は、その問題点について『生き残る企業の鉄則』で次のように述べている。弱小だったファーウェイは、中国で発展してきた。アメリカのように外部資源が豊富ではなく、また、感覚に頼ることが多く、合理性、科学性、規律に欠けていた。そのため、アメリカの経験や方法、外部のスタッフに頼る必要があった。外部から最新の経営管理モデルや技術を学ぶには、今までの強烈な「伝統」を手放すことが重要である。言い換えれば、ゆったりした「わらじ」から、アメリカやドイツのきっちりした靴に履き替える必要があるのだ。ファーウェイは、核となる自社の文化に、責任、集中、創造など、企業として当然必要な商業文化を組み合わせたのだ。

成功に甘んじず、自身の殻をもう一度破り、新たな体制をつくり出していく。このような学びのプロセスによって、ファーウェイは絶えず前進し、経営管理も改善を重ねることによって進化していったのである。

第6章

人材を得る者が天下を取る

企業なら人材を引き入れ、育てることを重視せねばならない。ファーウェイのようなハイテク産業なら、人材はことさら重要である。任正非は、このことをしっかり認識しており、人材で優位に立つことで、他社の追随を阻んできたといえる。人材に関するファーウェイの鉄則は二つだ。それは、独占と鍛錬である。

ファーウェイの人材戦略は欧米の多国籍企業と基本的に同じだった。最初は国内で人材を育て海外市場に派遣することである。一九九〇年代後半、まずロシアなどへ社員を送り込んだ。当時、任正非は「海外へ向かう多くの勇者が必要なのです」と述べている。ファーウェイは、海外で損失が長びいても、海外派遣をやめなかった。次に、国際的な人材を育てたら、彼らが現地の優秀なスタッフを育てて仕事をさせる。そして、現地の人材を選抜して育て、少しずつ現地化と中国化を実現する。最後に、業務の進展と管理の必要性に応じて外部から国際的な人材を取り込む。会社の要求に見合った人材には、深圳のグローバル本部に送りこみ、ファーウェイ大学でファーウェイ独自の企業文化をしっかりと学ばせた。

1　高い報酬──全国から優秀な人材を獲得

任正非の指揮のもと、弱小だったファーウェイは努力を重ねて成長し、市場でも安定した地位を築いた。任正非はそれまで積み上げてきたものを少しずつ活用しながら、独自の方法でファーウェイを率い、一歩ずつ発展の基礎を固めたのだ。

事業の拡大が急速に進むと、社員に対する要求も大きくなった。以前は臨機応変に人材を募っていたが、その頃になると、その方法では発展に必要な人材を得るのが難しくなってしまった。そこで、一九九八年以降、ファーウェイは大規模な人材募集を始めることにし、大学生に照準を合わせた。募集は大々的に行われ、北京、上海、西安などの主要メディアに大きな求人広告を出し、有名大学には特設会場を設け、高い報酬で各分野の優れた人材を採用した。

この方法は効果的で、二〇〇二年まで、毎年大勢の大卒生が入社した。まず、一九九八年に八百人以上、続いて一九九九年に二千人、二〇〇〇年は四千人を採用した。二〇〇一年には、全国の名門大学の優秀な学生も採用している。当時のファーウェイは「工科大学院生と、ベストテンに入る大学生は全員ほしい」とまで言っており、実際、七千人余りと契約書を交し、最終的に五千人以上が入社した。

このような大々的な採用によって、ファーウェイの評判は高まり、メディアからも「万人雇用」と称賛された。任正非によると、毎年平均三千人ほどの大卒生を採用し、訓練後に八〇パーセント以上が研究開発の仕事に就くということだ。

なぜ、名門大学の優秀な学生が大量にファーウェイに入社するのだろうか。その決め手は、高い報酬にある。「他社に負けない待遇が勝利を生む」というわけだ。ファーウェイの賃金は深圳の全企業で最も高いと噂されたが、二〇〇〇年におけるファーウェイの大卒者の月給は七千百五十元、年末に十万元から十六万元のボーナスが出る。さらに、学位が二つあれば月給七千七百元、修士は八千八百元、博士は一万元である。これは深圳の一般企業の平均より一五~二〇パーセントほど高い。もちろん、この額は最高ではない。

このほか、ファーウェイは福利厚生が非常に充実している。新入社員が着任する際は、旅費や荷物の運搬費などは全て支給され、それには学校から深圳への寝台列車の片道切符代、市内の交通費、荷物の運送費用、健康診断料も含まれる。これらの経費は、一人当たりは数百元であるが、数千人分ともなるとかなりの額になる。

ファーウェイが新入社員に対してかける費用はこれだけではない。正式に仕事を始める前の訓練期間も、賃金や福利厚生費は全額支給される。新入社員の給料や新入社員を養成するベテラン社員や幹部の給料、また、さまざまな訓練や訓練施設の建設とその維持にも大金がつぎ込まれる。大学を出たばかりの一人の若者を、市場部門や研究開発部門で責任を持って仕事ができる社員に育てるため、大量の資金を投入するのだ。任正非はファーウェイを、能率、プレッシャー、給料が高い「三高」企業と見なしている。高い報酬が社員のやる気を引き出すと固く信じているからだ。

ファーウェイの人材育成の方針は「自由」である。もし、新入社員が一連の訓練を終えても、価値を生みだす前に退社すれば、会社にとって大きな損失になる。しかし、ファーウェイは、辞職を無理やり引き留めない。もちろん引き留めはするが、どうしても去ると言うなら無理強いはしないのだ。また、それまでの福利厚生費と給料はきちんと支払われ、自社株を保有していれば簡単に現金化もできる。ファーウェイは新入社員全員と協定を結んでおり、違反があれば賠償する義務があるが、辞職者に賠償を求めたことはない。

一九九六年、ファーウェイは年収十万ドルで、留学経験者を技術研究員として採用したことがある。また、ＩＣの研究開発に従事していたあるエンジニアは、年収四万元で引き抜かれた後、仕事の成果が認められ、すぐに年収五十万元となった。この太っ腹なファーウェイの人材戦術には、外資系の企業は成す術もなく、モトローラの関係者も「モトローラがファーウェイの社員を引き抜くのは難しいが、ファーウェイがわれわれの社員を引き抜くのは簡単だ」と語っている。

2　訓練——ファーウェイ独自の人材を育成する

ファーウェイは、長期にわたって発展していくための基礎を固めるため、人材育成にかなり力を入れている。

かねてから、求職中の者、特に新卒者にとって、ファーウェイは憧れの企業である。これも、社員の成長のために資金を惜しまない会社だからである。

最初は土台作りから始めた。まず、ファーウェイは、会社の目標と発展のために、飛び抜けて能力の高い者や大きく貢献した者には、大胆な昇進を実施した。このような昇進制度によって、ファーウェイは全社員に能力を発揮する場を与えた。重要なのは勤続年数ではなく、仕事ができるかどうかで、成績を上げさえすれば、すぐに昇進することができたのだ。

次に高い報酬という「切り札」である。高い報酬によって、優れた人材が引き寄せられ、定着するのだ。ファーウェイは、国内で最も高い報酬を支払う企業だったこともある。また、新入社員は訓練期間も、給料と福利厚生費が保証されるため、新人でも安心して会社のために働くことができる。

そして、一体感のある雰囲気である。ファーウェイの工業団地は、新人たちにはなじみ深い大学のキャンパスに似た設計で、知識労働者が元気に働きながら学べる環境がある。新入社員のほとんどは新卒者であり、社会人としてすぐには適応できないものだが、このような環境なら、その負担を大幅に軽減できる。さらに、社員のために、庭付きのアパート数十棟を建設、管理し、居心地のよい住居を提供した。ファーウェイは、社員が仕事に専念できる環境を整備したというわけだ。

ファーウェイの訓練期間は五か月にもおよぶ。内容は企業文化、軍事訓練、作業訓練、技術訓練、市場演習の五部門から成る。最初の二週間は、軍事訓練と企業文化である。朝の六時半からランニングをし、団体行動を学ばせるため、遅刻すれば同じ寮の社員も減点になる。学生時代のような勝手は許されないのだ。次の三~四週間は生産実習で、部署によって内容は異なる。この期間に試験が六~七回行われ、連続で二回最下位になると次期の実習にまわされ、それでも最下位になると解雇されることもある。訓練後は、さまざまな部署に送られ、最前線の市況を学んだ後に所属する部署へ移る。問題が起こっても、仲間のサポートを受けることができる。

この五か月の訓練はまるで修行のようであり、訓練を受けた者は濃厚な体験をする。その効果は明らかで、この訓練に耐え抜いた者は、生まれ変わったようになるのだ。過去の学位はもう頭になく、ファーウェイの血が体に流れ始めるのだ。

任正非は『新入社員への言葉』で、苦しい訓練を耐え抜いた学生たちに大きな期待を寄せている。「実践によって人が作られ、ファーウェイの社員が作られるのです。エキスパートになりたければ、まず作業員から始めるのです。このことは社員の心に深くしみ込んだ考え方です。入社一週間後には、博士、修士、学士などの学歴はもちろん、社外で得たすべての地位は消え去り、実際にした仕事だけが評価基準になります。すでに多くの先輩が受け入れているように、この訓練を必要な試練と考え、くじけず前へ進み、どんな困難にもぶつかっていってください。苦難を経てこそ人は成長できるのです」

任正非は、長期にわたって軍人特有のスタイルで会社を管理してきたため、ファーウェイの社員も規律正しく意識も高い。

任正非には新人を育てる能力があり、人を引きつける魅力もあった。社員の才能を十分に生かし、その能力を発揮させ、業績を上げれば褒賞を与えた。ファーウェイでは、会社に貢献した者は誰でも褒賞を受けられるという理にかなった見返りがあり、給料、福利厚生、株券など、さまざまな形で受け取ることができた。任正非も、入社イコール高待遇ではなく、会社への貢献によって報酬が決まり、責任の重さによって待遇が決まると言っている。

自社株もファーウェイの資金調達の一つである。とはいっても、会社の九五パーセントの利益を株で社員に分配するやり方は、ほとんどの人には理解できない。しかし、任正非はやめなかった。株の分配によって知識が資本に変わるということは、知識によって成り立っているファーウェイにとっては、永遠に絶えることのない生命力を得たのに等しい。株の所有によって社員は会社の担い手であり、会社の一員であるという意識が高まり、より情熱的に働くようになる。仕事に対する意識が「人のため」から「自分のため」に変わるからである。

社員が経験を積んでいけるように、ファーウェイは指導員制度を取り入れている。社員は仕事をしながら、自身のレベルアップを図ることができるのだ。これによって、どの段階にいる社員でも成長を続けられるような場所と機会が保証され、また、優れた経験が受け継がれていく。これは、任正非が「最大の浪費は経験を無駄にすること」だと考えているからである。ファーウェイは、新入社員に指導員としてベテラン社員をつける。指導員は、新入社員が正社員になるまでの三カ月間、彼らの成績に対して責任を持ち、それが指導員の成績にも反映される。指導員は企業文化、技術、生活などあらゆる方面で新人をサポートする。定期的にやり取りしながら、自分の経験を伝授し、サポートして成長を促す。こうして、貴重な経験と知識が受け継がれ利用されるのだ。

ファーウェイの社員は、創造力を駆使して自分の方法で問題を解決していく。ファーウェイは、社員が成長するチャンスをつかめるよう支援する。また、社員には自分を磨く訓練、研修、学習の機会を大量に用意する。社員は単なる雇われ人ではなく、会社の主体となり、会社と共に成長していくのだ。

このような二十年におよぶファーウェイの実践から、人材は重要であり、優れた人材を発見し、活用することはさらに重要なのだということ分かる。

第7章

効果的な管理

指導力と潜在力を持つ有能な組織が、市場競争で効果的な攻撃力を持つには、有効な組織管理が必要である。管理なくして、チームワークはありえない。管理ができていない組織は、たとえ一人一人が有能でも互いの力は打ち消され、互いに足を引っ張り合うことになる。

ファーウェイは欧米の管理技術を取り入れ、ファーウェイ独特の管理モデルを作り上げた。任正非は、管理制度と組織構造の構築、人材育成と人材配置などに力を入れ、ファーウェイの現代化を推し進めた。任正非はリーダーとして、会社の発展方向を見定めていたのだ。

任正非と他の管理方法の違いは、ファーウェイの業績から明らかである。これは、管理を重視した結果だと言える。任正非は「ライバルに勝つためのポイントは、管理とサービスです。人材、技術、資金が全てではありません。この三つは、管理なしでは力になりませんし、サービスがなければ目標を達成できません」と言っている。

1　成功を望む者が英雄となる

任正非がどんなに控えめであっても、ファーウェイが市場で頭角を現してからは、その貪欲な競争意識が深い印象を残し、「企業英雄」と呼ばれるようになった。これは、長い間、任正非が懸命に追い求めてきたものである。彼は、ファーウェイの創業期から「英雄」に強いこだわりを持っており、それが企業の推進力となった。彼はかつて「成功を望む者が英雄となり、社会で責任を負う者がリーダーとなるのです。現場には英雄が必要です。英雄がいなくてはパワーが生まれないからです」と言っている。

任正非は、英雄とはどんな人物なのか、また、英雄を効果的に使う方法について長い間考えていた。彼は講話の度に自分の「英雄観」を取り上げ、社員に英雄になる勇気を持てと激励した。そして、一九九七年の『企業の英雄とは』をテーマにした講演では「ファーウェイの英雄」について、次のように明確に語っている。「どんな人がファーウェイの英雄として、会社を成長させるのでしょうか。歴史というものは、数人の企業家によって作り出されるのではありません。七〇パーセント以上の多くの優れた社員が、お互いに協力してファーウェイを成長させていく。彼らこそ真の英雄なのです。完璧な意味での英雄を求めるなら、それは唯心論というものです。英雄とは、いつもそばにいて一緒に過ごし、何かを学ばせてくれる人なのです。誰でも英雄的な行動がとれるということです。文句を言わず、自分の仕事を一生懸命こなせば、英雄になれるのです。努力すること、過去にとらわれないこと、困難を恐れず失敗しても立ち向かっていくことで、自分にとっての英雄となるのです。このように行動し、間違いを正し、古い習慣を捨て、無名の英雄にならなければならない」

任正非の考える「英雄」とは、個人ではなく、集団としての「英雄」なのだ。ファーウェイの成功も一人の英雄によるものではない。どのプロジェクトも、一人の力では成し遂げられなかったからだ。

ファーウェイの急速な発展によって、社員は多くのチャンスを与えられた。団結し、全員が努力することで発展の基礎を固め、人の長所は学び、自分に欠けている点は改め、協調性を身につけ、技術、実務を向上させ、自己管理能力と指導力を発揮して、英雄への道を歩んできたのだ。そして勲章を受けたことのない偉大な英雄になったのだ。

このように、任正非の激励のもとでファーウェイの社員は手を携えて共に進み、才能を互いに生かすことができ、成功したい、英雄になりたいと思った。これも、任正非の人を生かす才能によるものなのだ。

2　激戦に耐えうる管理チーム

ファーウェイは幹部の選抜を非常に重視する。その厳しさは選抜基準、補欠グループ、そして降格制度などからよく分かる。これによって、何事にもくじけず、必死に立ち向かう勇敢な管理チームが形成されたのだ。

中庸、寛大を打ち出す中国企業は多いが、創業時のファーウェイにそのような考えはなかった。なぜなら、当時は試練に立ち向かい生き残るのに精いっぱいだったからだ。おまけに、任正非の性格にも合っていなかった。管理者には強烈な向上心と勤勉さが必要であり、熱意のない者に昇格する資格はない。この熱意と向上心とは、自分が率いる社員達の向上心と勤勉さも含むのだ。

任正非はファーウェイには管理者の評価基準が三つあると、何度も述べている。一つ目は、一生懸命、真剣に仕事に取り組むこと、また、常に向上心があることである。二つ目は、献身的で打算的でないことである。絶対的に公平な評価システムは存在しないため、献身性は幹部になるための重要ポイントだ。もし、管理者が打算的であれば、部下とうまく協力できず、いい仕事もできない。献身的でない人は、管理者になるべきではない。三つ目は、責任感と使命感である。これによって、完全に企業文化を受け入れ、発展の重責を負うことができるか決まるからである。

管理者は人格者であるだけでなく、実務能力も必要で、コツコツと真剣に業務に当たらねばならない。これが、ファーウェイが管理者に求める基本条件だ。行動が伴わない者、表面だけ取り繕う者、原則的な管理のみを行い、それ以外のことには関わろうとしない者を、ファーウェイは抜擢も重用もしない。管理者には自らが実際に行動することが求められ、するべきことやどのように行動すれば分からない管理者は、追いやられる運命にある。

任正非は、管理者は指導技術と仕事に対する心構えが必要だと考える。管理においては、協力と意思の疎通が永久のテーマである。管理者というものは、自分と同じ意見の人だけではなく、違う考えの人とも協力せねばならない。それができなければ、管理者になる資格はなく、永久に昇進もできないのだ。

ファーウェイでは「幹部は内部から、また、実際の業績によって抜擢される」という原則を頑なに守っている。幹部の選抜は民主的な推薦でもなく、業務上の競争があるわけでもなく、長年にわたって培ってきた制度によって選ばれる。すなわち、役職体系や昇格制度、成績審査、幹部の選抜・育成に関する原則、幹部の選出・任用の手続き、幹部審査などである。まず、昇格基準にもとづいて人物の検証を行う。人柄、素質、仕事の成績が最重要視され、次に、直属の上司、部下や同僚からの評価も全面的に考慮され、最終的に幹部にふさわしいか考察される。その後も任命前の公示が行なわれ、社員の監督下に置かれ、半月間社員は意見を提出することができる。任命後は、幹部全てに適応期間が設けられ、指導員も配置される。その期間が終わって指導員と関係部門が合格を認めると、やっと正規の幹部となるのだ。

幹部として正式に任命されるまでには、何度も審査を経なければならない。国際的にも通用する審査基準にファーウェイ独自の基準を加えることで、最終的に選ばれた人物が該当する部署の要求に適合するようになっている。任正非はこの制度によって、十分な戦力を持つ管理チームを手に入れたのだ。

3　企業としての完成を目指す――基本法の改定過程

任正非は「適切な規則は社員を叱るより効果的で、規則によってほとんどの社員が仕事、プレッシャー、責任を担ってくれます」と語っている。これも『ファーウェイ基本法』が制定された理由の一つだ。

任正非の働きかけにより、中国人民大学の管理顧問が編纂に関わり『ファーウェイ基本法』が誕生した。これは六つの章と百三条の企業内ルールから成り、中国の現代企業の中でも模範となるような完璧に近い「企業基本法」といえる。内容は企業の発展戦略、製品と技術に関する方針、組織の原則、人材の管理と開発、最適な管理モデルと管理制度など各方面に及ぶ。この基本法は業界で大きな反響を呼んだ。なぜなら、一般の法律や法規、規範とは異なる言葉で書かれており、ファーウェイの創業後の成功や失敗による教訓にもとづいてまとめられ、会社の核となる価値観が簡潔に要約されていたからだ。どの一文にもファーウェイの上層部と社員の気持ちがにじみ出ている基本法である。

『ファーウェイ基本法』を賞賛する声は絶えなかったが、任正非は国際企業の管理システムに着目し始めており、このような基本法が軟弱で役に立たないことを冷静に認識していた。

任正非は国際的な一流の多国籍企業と交流するうちに、『ファーウェイ基本法』独自の書き方では、グローバル化した大企業とうまく対話できないことに気づいた。すなわち、企業には顧客のために価値を創造するという使命があり、そのためにはビジネスにおける一般的な価値観や、一連のプロセスと制度を守る必要に気づいたのだ。

ファーウェイはその後、『ファーウェイ基本法』の改定を進めた。会社の未来図が変われば、その使命も変わる。「人々の相互交流と生活を豊かにする」「顧客が関心を寄せる挑戦や困難に対し集中的に競争力のある通信機器による解決方法やサービスを提供し、顧客のための最大の価値を生み出し続ける」これが基本法の新しい核心となった。

第8章

危機の中を生き抜く

企業の危機意識の話題になると、任正非の例がよく挙げられる。確かに、彼はいつも「冬が来た」と叫んでいたのだ。国内市場から国際市場へ、発展途上国から先進国へ進出する時も、そしてファーウェイが世界最大の通信設備サプライヤーとも戦えるようになった今も任正非は叫びつづけている。

危機こそが、ライバル企業との距離を縮める原動力となる。常に反省し冷静に先を見ることが、ファーウェイの力となり、また、完璧を目指して改善と最適化を重ね、内部の力を発揮させた。こうしてファーウェイは、冬が来ると同業社よりもいち早く「防寒着」を探し出し、安定的に発展していくための基礎を築くことができたのだ。

任正非は常に危機を予測し、冬の到来を予測してきたが、これは彼が悲観的なのではない。ファーウェイは苦難のなかで成長し、成熟し、前進していったということである。「苦しく生き、安らかに死ぬ」「治に居て乱を忘れず」という二句は、任正非によって新しい解釈を得た。

1　最初の冬

任正非が冬の到来を『ファーウェイの冬』という文章で社内に出し、これが社外に流出すると、中国の産業界は震え上がった。ファーウェイはこの文章によって、中国の産業界において新たな地位を確立し、危機を重視するという企業文化が浸透していった。二〇〇〇年、ファーウェイの売上は百五十二億元に達し、二十九億元という利益で中国ＩＴ企業ランキングの首位に立った。そんな年に、このファーウェイの創始者である任正非が発した「冬の到来」予告の声は大きく響きわたった。

多くのウェブサイトや社内報にこの文章が転載され、企業家やＭＢＡ取得者も重要な資料として読む者が多かった。文章の冒頭はこう始まる。「もしある日、会社の売上も利益も減って破産しそうになったらどうすればよいのだろうか」

続けて、給料とリストラの話になり、もしファーウェイが危機に際して、社員の給料を半分にし、半分をリストラして会社を救えるなら、それは危機ではないという。そして、もしリストラや減給をしても会社を救えないなら、どうすればよいのだろうかと問うのだ。

理念が決まったら、次は行動だ。任正非は十項目の対策を挙げた。具体的には、管理を改善する、弱点を見つける、問題を迅速に解決する、バランスを保って発展する、流動的、暫定的な管理システムを強化する、業務の能率を向上させる、貢献度を高めるなどである。ほかにも、社内で統一した評価システムを導入し、人材を社内で流動させてバランス良く配置する。反省によって組織を改善し最適化する。幹部は勤勉さ、献身性、および責任感と使命感を持たなくてはならない。先進性を追い過ぎず、無計画な研究はせず、管理を工程化、規範化して安定させるなどである。

ファーウェイは、自社はサプライチェーン（供給網）の一つであり、将来的にはサプライチェーンの競争になると当時から見越していた。ファーウェイのサプライチェーンは、部品、規格、関連部門、メーカー、小売店、エージェントといった数百の業者とつながっており、巨大な鎖となっていたが、この鎖をファーウェイの味方につけなければならないと考えた。この小さな一つ一つの鎖が冬を過ごすための防寒着となるからだ。このようにして、ファーウェイは、最初の冬を無事乗り越えることができたのだ。

2 二度目の冬

二〇〇四年は、中国で厳しくマクロコントロールがされた年で、この一年で多くの企業が消えていった。二〇〇〇年にインターネットのバブルがはじけると、国内の多くのインターネット企業が、再生するためにナスダックへ押し寄せた。この勢いのある情勢によってIT業界に楽観的観測が流れ始め、同年、中国のインターネット企業九社がナスダックや香港で上場に成功し、年末にはレノボがIBMのパソコン部門を買収した。

しかし、任正非の見方は違っていた。そのような時期に、冬の到来を再び警告したのだ。これは、二〇〇四年の夏に社内の講演でなされた。その原稿は一万三千字もあり、その中で任正非はファーウェイに迫っていた危機を予測し、この生き残りをかけた戦いは、品質、サービス、コストの競争になると述べた。

この時の危機は、ファーウェイの規模が一回り大きくなったことと関連している。二〇〇四年、世界市場の売上高は三十八億二千七百万ドルに達し、創業十七年で最高記録となった。特に、海外における売上の激増は、ファーウェイ全体の売上に大きく貢献した。このような好成績を出しながら、任正非は短期ではなく長期的な動向に注目していた。供給過剰が原因で、情報産業全体に冬がやってくると言うのだ。情報産業では技術がシンプルになり、技術で市場をリードするのが難しく、顧客との関係や顧客のニーズが重要になってきていたからである。

当時のファーウェイは、コスト面では優位に立っており、研究開発コストは欧米の三分の一だった。成長状況も比較的よかったが、任正非は以下のように分析した。従来の経済は資源で調整できたが、情報産業は資源の調整はできない。情報産業の発展を支えた要素は二つあり、一つはデジタル、もう一つはチップの原料の二酸化ケイ素だ。これらはいくらでもあるので、電子製品は必然的に生産過剰が起きる。この生き残りをかけた戦いは、品質、サービス、コストの競争になるというのだ。このように分析した任正非は、ファーウェイの実力は、困難な時期ほど欧米企業より有利になり、同時に小さな会社よりも強いと判断したのだ。

ファーウェイは再び戦略を練り直した。すなわち、海外市場は拡大させるが、国内市場は他社に負けない程度の成長率を目指す、品質とサービスを向上させ、同時に、コストを下げるために研究開発はライバル会社と協力するとしたのだ。

このような状況でも、任正非はもう一つの課題を追い続けた。それは人材だ。市場が低迷しているこの時期こそ、強いチームを育成し、一人当たりの貢献度を高めるべきだと考えた。そして、社員の成績管理を強化し、業績の悪い者はふるい落として集団を活性化させた。成績が最下位の者を解雇する制度を続け、研究開発チームと組織の構造を環境の変化に応じて調整した。こうして、冬に耐えて春を迎えるまで組織の形を乱さなかったのである。

3　三度目の冬

任正非が冬を警告するたびに、ファーウェイは新しい発展段階へと進んだ。二〇〇七年、ファーウェイの売上高はすでに百二十五億六千万ドルに達し、世界の通信設備サプライヤーとしてもトップ五に躍り出た。ここまで成長すれば、成功を祝いたくなるものだ。少なくとも立ち止まって一息入れたくなる。しかし、二〇〇八年が明けるや、任正非は三度目の冬を警告したのだ。

この時もファーウェイは、さらに新しい段階へと進んだ。任正非は、直面する情勢やライバルに対応する時、国際市場のルールを守り、そのルールを乱してはならないと言う。強者に学び、市場のリーダーを尊重しながら、積極的、かつ、ルールを守って競争せねばならないということだ。任正非はこの正念場で、三度目の危機について「ファーウェイは他社より少し早くこの過酷な競争を察知したため、運よく難を逃れたのです」と語っている。

ファーウェイがここまで発展できたのは、業績だけでなく、新しい試練に耐えたからだ。企業のリーダーとして、任正非は問題の解決策を考えねばならない。彼は悲観したり苦しんだりすることもできたが、目の前にある問題を解決するには、常に立ち向かうしかなかった。「もちろん悲観したり、心配したり、苦悶したこともありました」彼は言う。「ちょっとした危機に見舞われただけで、給料をどのように払えばいいかと大変なプレッシャーを感じたものです」

社員に自殺者が出たことで、任正非はひどく苦しみ、社員の精神的なケアをおろそかにしてきたことに気づいた。そして、一連の措置を講じた。例えば、最前線でハードに働く社員や大きなプレッシャーにさらされる社員に、費用を会社持ちで、海辺で休暇を過ごさせた。また、働きすぎで体を壊した社員には、五つ星ホテルでゆっくり休ませたり、海外で事故にあった社員をヘリコプターで病院へ送り届けたりした。さらに彼は、「完璧になろうと苦しまないでほしい」と社員に諭した。

これらのことは深く考えさせるものがある。すなわち、冬の警告と危機意識がファーウェイでは当たり前になった頃、企業の発展には競争も大切だが、根本的には社内が重要だとようやく気づいた企業もあった。企業は危機意識と改革精神さえ持ち続ければ、社内には良好なメカニズムが構築され、内部の活力も保たれ、絶えることない牽引力が会社に提供されるのだ。

第9章

資源の価値を高め、優勢を保つ

「われわれは通信事業の最先端にあり、今後どのように進んでいくか決めるのが、とても難しくなってきました。以前なら欧米企業を手本にできましたが、今はわれわれも手本にならなくてはならないからです」二〇一〇年十一月末、「ファーウェイ・クラウドコンピューティング発表会」の講演で、任正非は上記のように語った。

当時彼は六十六歳で、ファーウェイと共に歩んで二十三年が経っていた。ファーウェイを少しずつ大企業へと成長させ、世界の通信機器市場で「いつでも一位を狙える」地位にいた。しかし、この地位をどのように維持すればよいのだろうか。「追随者」から「リーダー」へと役割が変わったことで、任正非とファーウェイに、また新たな厳しい課題が課されたのである。

1　追随者からリーダーへ

通信産業は「クラウド」の時代に入り、ファーウェイはさらに開放的になって、市場の変化にすばやく適切に対応しなければならなくなった。クラウドコンピューティングによって、コンテンツ、スキル、ビジネスモデルは様変わりし、すでに成功していたファーウェイも新たな挑戦を続けることになった。今後はどのような試練が待ち受けているのだろう。それは決して簡単なものではないはずだ。

現状に満足して現在を維持するのか、それとも、もっと大きな夢を抱くのか。任正非には尽きることのない夢があるようだ。ファーウェイはこの程度では終わらないと考え、さらに大きな夢と未来を目指したのだ。

クラウドコンピューティングの核心は開放と協力の追求である。つまり、ウィンウィンを目指して資源と情報を共有するのだ。ファーウェイがクラウドコンピューティングでも勝ち続けるためには、謙虚な気持ちで助け合うという最初の一歩を踏み出す必要がある。

任正非は長年の経験から、こうするべきことを直ちに理解した。勝ち続け、業界をリードしていくには、クラウドコンピューティング戦略は必然であり、この最初の一歩が成功するかどうかが鍵だった。そのためには、長年にわたる閉鎖的な方法を一新しなくてはならなかったからだ。クラウドというプラットフォームでは、ファーウェイはさらに開放的になる必要があったのだ。

「われわれは現状を打破し、開放して協力し合い、ウィンウィンを実現しなくてはなりません。『川底を深く掘り、堤防は低く作る』をモットーに、困難はより多くを自分が引き受け、利益はより多くを人に与えるのです。花は多くとげは少なく、友は多く敵は少なくしなくてはなりません。一人が儲かるのではなく、お互いに協力してウィンウィンを実現させるのです」

クラウドコンピューティングが時代の潮流だということは、すでに全ての業種と無数の大企業によって証明されている。任正非がまず技術の研究開発から始め、「中国製造業」に切り込んでいったように、模倣と追従から始め、任正非が通信業界のリーダーになるのは必然だったのだ。これは間違いなくファーウェイの戦略における大きな一歩で、別の意味でも壮大な幕開けとなった。

2　核心能力への回帰

一九九〇年代、ファーウェイが猛スピードで発展していた頃、長年積み重ねた研究と努力によって、さまざまな設計や方法を開発、応用できるようになり、製品全体の品質と信頼性も高まっていった。

ファーウェイはサービスの良さで顧客の信用を得ており「ウィンウィンを目指せ――サービスがインターネットの価値を高める」というのがスローガンだった。具体的には、プラチナ、ゴールド、シルバーといったサービスを利用者に選ばせ、また、ニーズに応じたカスタムサービスで顧客の様々なニーズを満たした。

同時に、長期間使用する製品の価格を下げるため、ＩＳＣ（インテグレイテッド・サプライ・チェーン、統合した供給網）やＩＰＤ（インテグレイテッド・プロダクト・ディヴィロプメント、統合した製品開発）によって、ＩＴシステムを変革し、開発コストを下げた。製品と生産工程の段階で、利用者の負担をできる限り減らしたのだ。

顧客の価値観は、企業の競争力において重要なポイントである。長期に渡って顧客に利益を提供することが、企業の競争力を評価する基礎となる。顧客は自らの価値観を保証できる企業の製品とサービスを選ぶのだ。すなわち、顧客に認められた企業だけが、顧客の支持を得られるのだ。

ファーウェイは、高い品質、よりよいサービス、安いコストを守り通し、顧客から強固な信頼を得られた。任正非は、顧客のニーズに注目し、それに応え続ければ、顧客から支持されると分かっていたのだ。

二〇〇二年、慎重なファーウェイは、準備をすすめながら新たな変革を実施した。すなわち、任正非と幹部は欧米企業の「技術至上」とは異なる競争戦略を決めたのだ。「品質を高め、サービスを向上し、運営コストを下げ、顧客の満足を優先する」という戦略のもとで管理の改善を加速し、一人当たりの貢献度をさらに高めた。

この頃から「顧客のためだけに存在する」ことが、ファーウェイの最優先事項となり、新たな変革が始まった。すなわち「ファーウェイは変革をやめない。顧客を最優先し、最低限生き残ればよい」ことにしたのだ。

「顧客のニーズに注目」しなければ、顧客を満足させられない。ファーウェイは常に利用者の満足度を調べ、情報を集め、その意見をもとに努力の方向性を決めた。

ファーウェイは、より顧客に近づくために六つの禁止事項を打ち出した。すなわち「お高くとまって、顧客の声を聞かない」「強引にニーズを引き出し、顧客の意見を無視する」

「観念だけで本質を見ない」「華やかさに惑わされ、分析せずに採用する」「大雑把につかんで細部を見逃し、隠れた成長分野に気づかない」「環境が変わっても、古い規則や理念に固執する」である。これらからも、ファーウェイが顧客に細心の注意を払っているのが分かる。

スローガンは叫ぶだけでなく、具体的な成果を上げなくてはならない。設備にトラブルがあれば、ファーウェイの技術者はいつでも素早く現場に駆けつけ、即座に対応した。これは、なかなかできることではない。

これに関しては、顧客を感動させた次のような話もある。二〇〇〇年の春節、黒竜江でネットワークスイッチが壊れたものの、どのメーカーの設備が問題なのか分からなかった。知らせを受けたファーウェイは、その日のうちに深圳から黒竜江へ技術者を送った。しかし、原因はファーウェイの設備ではなく、問題の起こった設備のメーカーからは、なかなか連絡が来なかった。ファーウェイには顧客至上主義が深く根付いている。ファーウェイの技術者は、損得を考えずに自らの回線につないで通話を回復させた。利用者は、この期待以上の対応に大喜びしたということである。

ファーウェイは、顧客満足度を非常に重視しており、毎年専門の社員が調査と分析を行っている。二〇〇一年、顧客の満足度に関する研究では、八七パーセントがファーウェイに対して「満足」「非常に満足」と回答し、半数の回答者がファーウェイの製品とサービスは、ライバル企業より「優れている」「非常に優れている」と答えた。さらに、ファーウェイを「不満」「非常に不満」と回答したのは、わずか一パーセントにすぎなかった。

第10章

継続は競争力

この二十年以上のファーウェイの発展は、中国企業が国際化を実現する上での目標となり、その過程も中国企業の手本とされた。しかし、任正非とファーウェイの「生き残る」という方針は揺らぐことがなかった。二十年以上、企業の経営に携わってきた任正非は、この点については人よりずっと理解が深かった。

発展を続ける上で難題にぶつかった時、ファーウェイの敵は自分自身である。発展を続けられるかどうかは、会社の核心的な価値観が引き継がれるか、また、引き継いだ者が欠点を見つけて改善できるかで決まる。後継者、株式の所有権、国際化などの問題は、「任正非後」に越えなければならない通過点になるかもしれない。

1　驚きの集団辞職

二〇〇七年十月、ファーウェイは再び世間の注目を集めた。ファーウェイを知らなかった人さえも巻き込んで、短期間に至る所で論争が起きたのだ。原因は、ファーウェイの社員に向けた通達で、任正非を含めた勤続年数八年以上の社員は、自発的に辞職し、再び採用された者が、新たに一〜三年の労働契約を結ぶというものだ。それまでのジョブナンバー制度は廃止され、雇用者ナンバーが全て振り直された。また、辞職した社員は会社から賠償金を受け取り、同月二十九日までには条件に合う社員の部署と給料の調整も終わった。

これには、労働社会保障部も驚いて深圳労働局が調査に入ったが、意外な結果に終わった。すなわち、この調整によって内部対立などは起きておらず、深圳市の労働部門にも対象社員からの訴えはなく、調査は空振りに終わったのだ。しかし、ファーウェイの社内に激震が走ったのも事実で、内部に不安が広がった。ファーウェイの社員からすれば、「ジョブナンバー制度」は多くの企業が採用している「年功序列」と同じで、勤続年数が長ければ一日座っていても高い給料が支払われ、ミスをしても追及されないというものだった。この制度は、当時のファーウェイが抱えていた頭の痛い問題だったのだ。

二〇〇七年は、ファーウェイにとって今までにない発展のチャンスをつかめるかどうかの年だった。社員も急増し、全ての生産ラインで二〇〇五年以降に入社した社員が五〇パーセントを超え、七〇パーセントを超えるラインもあった。しかし、社員は増えたが逆に能率は下がるという状況だった。当時は、貢献したり努力したりする人が少なく、条件や待遇ばかりを語る社員が多かった。管理者も自分の仕事にかかりきりで、現場の社員は指導の機会や上司と話す機会が非常に少なく、組織の雰囲気も冷ややかで、以前よりも経験や文化の程度が非常に低くなっていた。ファーウェイのように技術革新によって業界をリードし、競争で優位に立ってきた企業は、経験と知識を積み重ね、さらに、新たな知識を積み上げなくてはならない。このためには、ベテラン社員の闘争心と若い社員の情熱が不可欠である。これが、ファーウェイの新たな発展段階における切迫した問題だったのだ。

資料によると、この時の集団辞職に関係したのは、高級幹部、中堅幹部、社員を合わせて六千六百八十七人だった。最終的には、六千五百八十一人が新たに採用され、三十八人が自主的な辞職か病気休養を選択し、五十二人が個人の理由で転職を希望し、十六人が業績などを評価されて他社へ移った。

退職金に関しては、ファーウェイの退職規定にのっとった勤続年数による補償費用だけでなく給料の一カ月分が上乗せされた。さらに、契約解除前の十二カ月間の平均給与と前年度のボーナスの月割額も支払われた。特筆すべきことは、転職を希望した社員全員が競争を勝ち抜いて新しい仕事を獲得することができ、次の仕事に就くまでの間、五日から一カ月の有給休暇を楽しんだ。その間、彼らの所有する株式はそのまま残された。このような利益配分は、やはり魅力があっただろう。

推定では、この集団辞職による賠償金は総額で十億元にも達しており、これからもファーウェイの気合いが感じられる。外部では任正非が「杯酒釈兵権（宋代の故事。酒の席で将軍たちから兵権を取り上げる）」を演出したのであって、その目的は年功序列を廃止し、新しい給料制度を設けることだったと解釈する者もいた。

このようにして、ファーウェイは社員の活性化を促した。この時の集団辞職では、任正非は取締役会に退職願いを出し、取締役会は彼のＣＥＯの職務返上を受諾したが、二〇〇七年十二月十四日に再び雇用されている。ファーウェイは、この時も控えめな態度で臨み、争いの起こらない方法で、自ら設定した措置を継続したのだ。

2　任正非後のファーウェイ

ファーウェイは創業二十数年というまだ若い企業である。今後も成長を続けていかなくてはならない。問題は、任正非がもう若くないということだ。

民営企業がいずれは抱える後継者問題という難題を、任正非も抱えることになった。任正非は元気に見えるが、年齢は六十を過ぎている。「歳月人を待たず」である。これは彼にある課題を突きつけた。それは、どうすればファーウェイは「任正非」の印象を薄められるかである。

ファーウェイの規模拡大に伴って国際化も加速した。任正非だけが頼りでは、彼に巨大な能力があったとしても、完全に環境や市場の変化に対応するのは難しくなるだろう。

戦略を一人だけで決めていれば、問題が起こるものだ。ファーウェイの場合、意思決定に透明度が足りなかったのだ。統合製品の開発を推進したＩＢＭの顧問や、提携していた英国のＢＴグループの専門家も指摘しているが、ファーウェイには上から下、下から上という双方の意思疎通の仕組みが不十分で、上司の考えが伝達されていくうちに、全く違うものになってしまうのだ。

これは、任正非の力が強すぎたために、仮に上層部の戦略能力不足があったとしても、ただ受け身に行動することが長年の習慣になっていたのが主な原因だ。部下が優れた決断をしないので、任正非が何でも決めるしかなかった。これが悪循環を引き起こしていた。全ての決定を任され、雑務に忙殺されていた任正非には、さまざまな戦略を練る時間がなかったのだ。ある幹部は、彼は海外のＣＥＯより何倍も苦労が多いと語っている。

二〇〇一年以降、任正非はこの悪循環の改善を始めた。彼は洪天峰をＣＯＯに任命して会社の日常業務を任せた。そして、それによって空いた時間を、今後のファーウェイについて考える時間に充てるようになった。二〇〇三年には、方針を複数で決める組織を作り、ＥＭＴ（執行管理チーム）に企業の運営管理を任せた。

しかし、任正非に頼り切っていた期間が長かったため、幹部の多くが執行型から意思決定型への切り替えという厳しい試練を受けることになった。意思決定のできる人材を少しずつ増やすことが、ファーウェイの直面する重要課題となった。

3　必然の王国から自由の王国へ

ファーウェイの創業時の特徴は、トップが頼りだったことである。資源の有無に関わらず、とにかくがむしゃらにチャンスをつかもうとした。創業者任正非が先見の明、そして、驚くほどの大胆さで会社を大きく発展させてきたのだ。そして、第二段階で立てられた目標は持続可能な発展である。十年かけて、さまざまな業務を国際基準に合わせていった。この目的は、創業者の存在感を薄くし、管理制度を強化することだった。人間的な魅力、リーダーシップ、個人のけん引力をある種の雰囲気に変え、企業を正しい発展方向へと導いたのだ。

ファーウェイは、トップの存在感を薄くし、管理制度を強化することによって、少しずつ上層部を民主化していった。民主的に戦略を決める委員会が組織され、部署のリーダーが会議を主導した。これは、幹部の意見を生かし、幹部を開放する民主的な措置だった。委員会は、ベテランの管理者や専門家、関連部門のリーダーから成り、その選抜は本当に正しい判断ができる者が選ばれた。決定した戦略は民主的に実行され、個人が方針を決定することがないように管理された。

企業が長期的に安定するためには、後継者に会社の核心となる価値観を認めさせることだ。また後継者には、自分を客観視する能力が必要である。『ファーウェイ基本法』では、ファーウェイの核心となる価値観が明らかにされているが、数千人の社員がこれを認め、しっかり実践しようと努力した上で幹部になる。これは、成功への希望であり、暗闇の中に見えるわずかな光だといえる。

企業の内部にせよ外部にせよ、発展の法則は本当にはっきり認識されているのか、また、管理は「無為の治」でよいのか。この答えは、何世代もかけて優れた後継者が探し続けるしかない。ファーウェイも努力を積み重ねることで、必然の王国を脱し自由の王国に至ることができるに違いない。

任 正非 Ren Zhengfei

中国人起業家。1988年、仲間6人と共に、中国最大手の通信設備サプライヤー　華為技術有限公司（ファーウェイ・テクノロジーズ Huawei Technologies Co. Ltd.）を創業、社長を務め、現在に至る。

著者　Zhang Yu、Jeffrey Yao

訳者　**日中翻訳学院**

日中翻訳学院は、日本僑報社が2008年9月に設立した、よりハイレベルな人材を育成するための出版翻訳プロ養成スクール。

The Duan Press

任正非の競争のセオリー　ファーウェイ成功の秘密

2017年11月9日　初版第1刷発行
著　者　Zhang Yu、Jeffrey Yao
訳　者　日中翻訳学院
発行者　段 景子
発売所　日本僑報社
〒171-0021 東京都豊島区西池袋3-17-15
TEL03-5956-2808　FAX03-5956-2809
info@duan.jp
http://jp.duan.jp
中国研究書店 http://duan.jp

2017 Printed in Japan.　ISBN 978-4-86185-246-6　C0036

アメリカの名門 CarletonCollege 発、全米で人気を博した

悩まない心をつくる人生講義

―タオイズムの教えを現代に活かす―

元国連事務次長 明石康氏推薦！

無駄に悩まず、流れに従って生きる老子の人生哲学を、比較文化学者が現代人のため身近な例を用いて分かりやすく解説した。

"パンを手に入れることはもとより大事だが、その美味しさを楽しむことはもっと大事だ"

「老後をのんびり過ごすために、今はとにかく働かねば」と、精神的にも肉体的にも無理を重ねる現代人。いつかやってくる「理想の未来」のために人生を捧げるより今この時を楽しもう。2500 年前に老子が説いた教えにしたがい、肩の力を抜いて自然に生きる。難解な老子の哲学を分かりやすく解説し米国の名門カールトンカレッジで好評を博した名講義が書籍化！人生の本質を冷静に見つめ本当に大切なものを発見するための一冊。

著 者　チーグアン・ジャオ
訳 者　町田晶（日中翻訳学院）
定 価　1900 円＋税
ISBN　978-4-86185-215-2

SUPER CHINA

-超大国中国の未来予測-

胡鞍鋼 著　小森谷玲子 訳

2700円＋税

ISBN 978-4-9909014-0-0

2020年にはGDP倍増という急速な発展、中国は一体どのような大国になろうとしているのか。

中国若者たちの「生の声」シリーズ

訪日中国人、「爆買い」以外にできること

―「おもてなし」日本へ、中国の若者からの提言―

段躍中 編

2000円＋税

ISBN 978-4-86185-229-9

中国人の日本語作文コンクール受賞作品集(第1回～第12回)好評発売中！

中国のグリーン・ニューディール

―「持続可能な発展」を超える緑色発展」戦略とは―

胡鞍鋼 著

石垣優子・佐鳥玲子 訳

2300円＋税

ISBN 978-4-86185-134-6

経済危機からの脱出をめざす中国的実践とは？

日中翻訳学院「武吉塾」の授業を凝縮！

日中中日翻訳必携・実戦編II

―脱・翻訳調を目指す訳文のコツ―

武吉次朗 著

1800円＋税

ISBN 978-4-86185-211-4

「実戦編」の第二弾！全36回の課題と訳例・講評で学ぶ

日中中日 翻訳必携・実戦編

―よりよい訳文のテクニック―

武吉次朗 著

1800円＋税

ISBN 978-4-86185-160-5

実戦的な翻訳のエッセンスを課題と訳例・講評で学ぶ

日中中日 翻訳必携

―翻訳の達人が軽妙に明かすノウハウ―

武吉次朗 著

1800円＋税

ISBN 978-4-86185-055-4

古川 裕（中国語教育学会会長・大阪大学教授）推薦のロングセラー

近代中国の代表的な漫画家・散文家・翻訳家、豊子愷《ほうしがい》の児童文学全集 全7巻

【海老名香葉子さん 推薦の言葉】 中国児童文学界を代表する豊子愷先生の児童文学全集がこの度、日本で出版されることは誠に喜ばしいことだと思います。溢れでる博愛は子供たちの感性を豊かに育て、やがては平和につながっていくことでしょう。

豊子愷 著

各1500円＋税

ISBN： 978-4-86185-190-2　978-4-86185-193-3　978-4-86185-195-7　978-4-86185-192-6　978-4-86185-194-0　978-4-86185-232-9　978-4-86185-191-9

日本僑報社好評既刊書籍

必読！ いま中国が面白い vol.11
一帯一路・技術立国・中国の夢……
いま中国の真実は
四六判サイズでリニューアル！

而立会 訳
三潴正道 監訳

最新中国事情がわかる人気シリーズ第11弾！「一帯一路」政策など急速に変わる中国。
日本人必須の最新知識を中国専門家が厳選。

四六判208頁 並製 定価1900円＋税
2017年刊 ISBN 978-4-86185-244-2

中国人ブロガー22人の「ありのまま」体験記
来た！見た！感じた!! ナゾの国 おどろきの国
でも気になる国日本

中国人気ブロガー招へいプロジェクトチーム 編著
周藤由紀子 訳

誤解も偏見も一見にしかず！SNS大国・中国から来日したブロガーがネットユーザーに発信した「100%体験済み」の日本論。

A5判208頁 並製 定価2400円＋税
2017年刊 ISBN 978-4-86185-189-6

中国式
コミュニケーションの処方箋

趙啓正／呉建民 著
村崎直美 訳

なぜ中国人ネットワークは強いのか？中国人エリートのための交流学特別講義を書籍化。
職場や家庭がうまくいく対人交流の秘訣。

四六判243頁 並製 定価1900円＋税
2015年刊 ISBN 978-4-86185-185-8

日中語学対照研究シリーズ
中日対照言語学概論
―その発想と表現―

高橋弥守彦 著

中日両言語は、語順や文型、単語など、いったいなぜこうも表現形式に違いがあるのか。現代中国語文法学と中日対照文法学を専門とする高橋弥守彦教授が、最新の研究成果をまとめ、中日両言語の違いをわかりやすく解き明かす。

A5判256頁 並製 定価3600円＋税
2017年刊 ISBN 978-4-86185-240-4

日本人には決して書けない
中国発展のメカニズム

程天権 著
中西真(日中翻訳学院) 訳

名実共に世界の大国となった中国。
中国人民大学教授・程天権が中国発展のメカニズムを紹介。
中国の国づくり90年を振返る。

四六判153頁 並製 定価2500円＋税
2015年刊 ISBN 978-4-86185-143-8

現代中国カルチャーマップ
百花繚乱の新時代
日本図書館協会選定図書

孟繁華 著
脇屋克仁／松井仁子(日中翻訳学院) 訳

悠久の歴史とポップカルチャーの洗礼、新旧入り混じる混沌の現代中国を文学・ドラマ・映画・ブームなどから立体的に読み解く1冊。

A5判256頁 並製 定価2800円＋税
2015年刊 ISBN 978-4-86185-201-5

東アジアの繊維・アパレル
産業研究

康上賢淑 著

東アジアの経済成長に大きく寄与した繊維・アパレル産業。
実証的アプローチと分析で、その経済的インパクトを解明し今後を占う。

A5判296頁 並製 定価6800円＋税
2016年刊 ISBN 978-4-86185-217-6

中国出版産業
データブック vol.1

国家新聞出版ラジオ映画テレビ総局図書出版管理局 著
段景子 監修
井田綾／舩山明音 訳

デジタル化・海外進出など変わりゆく中国出版業界の最新動向を網羅。
出版・メディア関係者ら必携の第一弾、日本初公開！

A5判248頁 並製 定価2800円＋税
2015年刊 ISBN 978-4-86185-180-3

日本僑報社好評既刊書籍

ジイちゃん、朝はまだ？
―438ｇのうまれ・そだち・いけん―

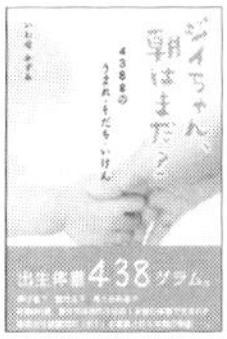

いわせかずみ 著

妊娠26週で生まれた〝超低出生体重児〟の「ボク」。そんなボクを育ててくれたのは、初孫の小さな生命の可能性に賭けてくれたジイちゃんでした。５年間の実体験をもとに綴った感動ドキュメント小説。

四六判224頁 並製 定価1800円＋税
2017年刊 ISBN 978-4-86185-238-1

李徳全
―日中国交正常化の「黄金のクサビ」を打ち込んだ中国人女性―

石川好 監修
程麻／林振江 著
林光江／古市雅子 訳

戦後初の中国代表団を率いて訪日し、戦犯とされた約1000人前後の日本人を無事帰国させた日中国交正常化18年も前の知られざる秘話。

四六判260頁 上製 定価1800円＋税
2017年刊 ISBN 978-4-86185-242-8

永遠の隣人
人民日報に見る日本人

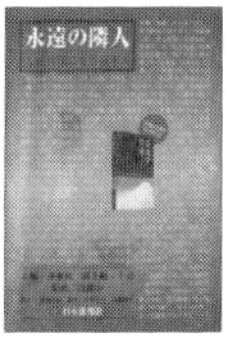

孫東民／于青 編
段躍中 監訳 横堀幸絵ほか 訳

日中国交正常化30周年を記念して、両国の交流を中国側から見つめてきた人民日報の駐日記者たちが書いた記事がこのほど、一冊の本「永遠的隣居（永遠の隣人）」にまとめられた。

A5判606頁 並製 定価4600円＋税
2002年刊 ISBN 4-931490-46-8

新中国に貢献した日本人たち

続編も好評です

中日関係史学会 編
武吉次朗 訳

元副総理・故後藤田正晴氏推薦!!
埋もれていた史実が初めて発掘された。登場人物たちの高い志と壮絶な生き様は、今の時代に生きる私たちへの叱咤激励でもある。
―後藤田正晴氏推薦文より

A5判454頁 並製 定価2800円＋税
2003年刊 ISBN 978-4-93149-057-4

中国の“穴場”めぐり

日本日中関係学会 編

宮本雄二氏、関口知宏氏推薦!!
「ディープなネタ」がぎっしり！
定番の中国旅行に飽きた人には旅行ガイドとして、また、中国に興味のある人には中国をより深く知る読み物として楽しめる一冊。

A5判160頁 並製 定価1500円＋税
2014年刊 ISBN 978-4-86185-167-4

中国人の価値観
―古代から現代までの中国人を把握する―

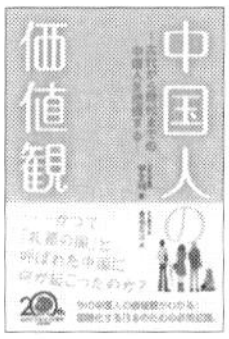

宇文利 著
重松なほ（日中翻訳学院）訳

かつて「礼節の国」と呼ばれた中国に何が起こったのか？
伝統的価値観と現代中国の関係とは？
国際化する日本のための必須知識。

四六判152頁 並製 定価1800円＋税
2015年刊 ISBN 978-4-86185-210-7

新疆物語
～絵本でめぐるシルクロード～

日本図書館協会選定図書

王麒誠 著
本田朋子（日中翻訳学院）訳

異国情緒あふれるシルクロードの世界。
日本ではあまり知られていない新疆の魅力がぎっしり詰まった中国のベストセラーを全ページカラー印刷で初翻訳。

A5判182頁 並製 定価980円＋税
2015年刊 ISBN 978-4-86185-179-7

新疆世界文化遺産図鑑

小島康誉／王衛東 編
本田朋子（日中翻訳学院）訳

「シルクロード：長安－天山回廊の交易路網」が世界文化遺産に登録された。本書はそれらを迫力ある大型写真で収録、あわせて現地専門家が遺跡の概要などを詳細に解説している貴重な永久保存版である。

変形A4判114頁 並製 定価1800円＋税
2016年刊 ISBN 978-4-86185-209-1